JN276989

Yoshiaki Nagayama 永山嘉昭

超シンプル図解術

すばる舎

□図解の技術を身に付けよう！——まえがきに代えて

職場で読んだ書類が、妙にわかりづらいと感じたことはありませんか？　多くの場合、文章だけで表現するには複雑すぎる内容を、無理矢理に文章だけで表現しているのが原因です。

こういう場合、図解を使って表現すれば、格段にわかりやすくなり、多くの人に読んでもらえます。

図解を作り、活用する技術は、今やビジネスパーソンに求められる必須のスキルです。企画書やプレゼンの資料を作る人はもちろんですが、そうした書類を作らない立場の人でも、ちょっとした報告書や連絡文書などをわかりやすくするために、図解を使いこなすことが求められます。

現在は、誰でも Microsoft Office などの高機能なソフトを使えるので、図解を描くのに絵の巧さはまったく必要ありません。ただ、わかりやすく説得力のある図解を作るには、ちょっとしたコツが必要です。

本書は、そのコツをこれ以上ないくらいにシンプルに解説した、図解の技術の入門書です。

本書はとことんシンプルです。**どんなに複雑そうに見える図解も、枝葉を落として考えると、実はたった3つの基本ルールでできている**、と考えます。

本書では、この3つの基本ルールとその組み合わせについて、多くの具体的な事例を示しながら解説していきます。

難しい理屈や技術を理解する必要はありません。ごく簡単な説明をひと通り読むだけで、誰もが説得力があってわかりやすい図解を描くことができるようになっています。

各章に演習問題も用意してありますので、自分の理解度を確認しながら読み進めることもできます。

本書で超シンプルな図解の技術を身に付けて、多くの人が図解を日々のビジネスで活かし、一層活躍されることを願っています。

2007年6月吉日

永山 嘉昭

『超シンプル図解術』目次

第2章 基本的な図解パターンを身に付けよう！

カバーデザイン：MORNING GARDEN INC.
カバーイラスト：タラジロウ

※Microsoft Office は、米国 Microsoft Corporation の米国およびその他の国における登録商標です。
※その他、本書に掲載した商品名などは、一般に各社の商標または登録商標です。
※本文中では、™、® のマークは明記しておりません。

プロローグ

なぜ図解の技術が求められるのか？

本書では、図解の技術をシンプルに解説していきます。
その前に、そもそもなぜ図解の技術を身に付けるべきなのか、図解の技術を身に付けるとどんなメリットがあるのか、そして、図解の技術を身に付けるにはどうすればよいのかを、順番に説明していきましょう。

Prologue　そもそも図解って何？

そもそも、図解とは何でしょうか？　まずはそこから見ていきましょう。

ビジネスの場でやり取りされる情報の伝達手段には、文章、表、グラフ、記号、フローチャート、囲みや矢印を使った概念図、地図、イラストなど、さまざまな方法があります。

図解とは、これらの表現手法のうち、文章や言葉の代わりに図を使って表現するコミュニケーション手段の総称です。

ひと口に図と言ってもいろいろな種類がありますが、本書では、表や箇条書きに矢印などの図形要素を加えたもの、チャートやグラフ、さまざまな図形要素によって形作られたものなどを図解として扱います。箇条書きや単純な表、具象的な図（立体図やスケッチ）、地図などは、本書では対象外としました。

あまり厳密に考える必要はありませんが、一般にもこれらの図を使った表現が図解と呼ばれています。下の図P-1の点線で囲んだ範囲がそれに相当します。

ちなみに、図P-1の上側にあるものほど、読んで理解する情報であり、下側にあるものほど、見て理解する情報になります。

■ 図P-1―本書で扱う図解の範囲 ■

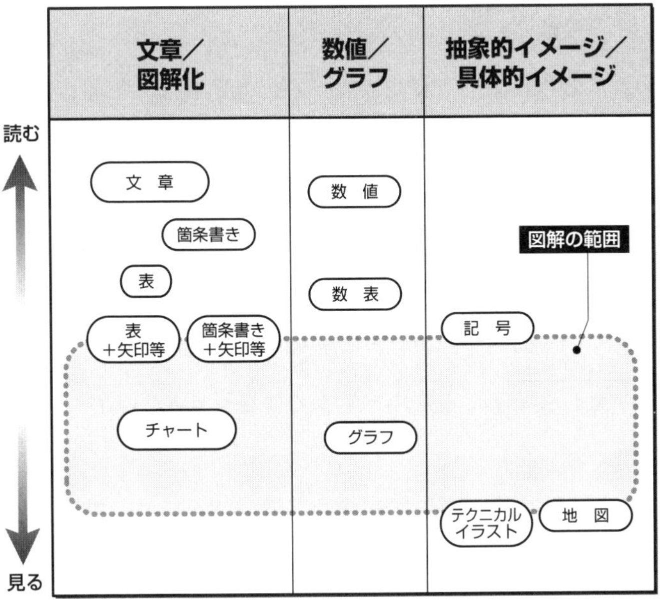

Prologue　図解は読者の興味を引き、すばやく情報を伝えられる

　では、図解を使うとどんなメリットがあるのでしょうか？　なぜ、「プレゼンや会議の資料には、図解を有効に利用しろ」と上司に言われるのでしょう？　普通の文章に比べて、図解はどんな点が有利なのでしょうか？

　具体的な例で見ていきます。右の図P-2は、ある地方自治体が全戸に配布した、ごみ処理に関するお知らせパンフレットに載っていた図解です。

　最初に挙げられる図解のメリットは、**読者の興味を引き、注意深く見てもらえる**ということです。このパンフレットでは、親しみやすいイラストを図解に組み込んで、読者が何となく見てみようという気を起こすための工夫をしています。

　また、次に挙げられる図解のメリットとして、**複雑で込み入った情報を、単純化してすばやく伝えることができる**ということがあります。

実際にあなたがこういったパンフレットなどを読むときにも、まずは図解が使ってある記事から読み、文章だけの記事はあと回しにしていることが多いと思いますが、それは、あなた自身が図解のこのメリットを経験的に知っているからそうしているのです。

図P-2—地方自治体のパンフレットに載った図解

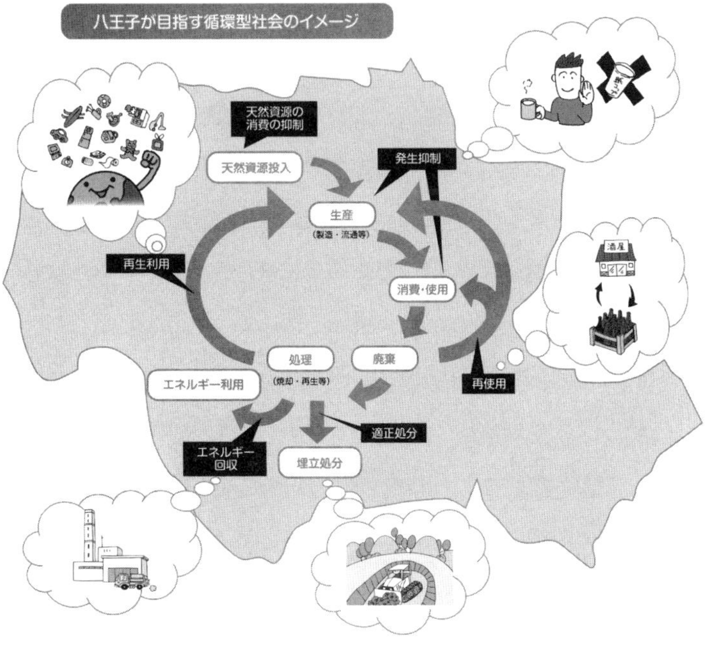

「ゴミ処理基本計画のあらまし　循環型都市八王子プラン」より（八王子市環境部発行・著作権保護のため一部イラストを変更）

文章だけで説明している記事は、読むのに時間がかかるだけでなく、内容を頭の中で整理し、理解するのが大変です。仕事のあとで脳が疲れているときなどには、なかなか読む気も起きません。

それに比べて図解を使っている記事では、短時間で、視覚を通じて直感的にポイントだけを理解することができるので、まずは図解を使った記事から読み進めようという意思が働くのです。

例えば、図P-2と同じ内容を、文章だけで説明したものを想像してみてください。かなり複雑な内容を解説した図解ですから、恐らくは「なんだか長くて難しそうな文章が並んでいるな」と思われて、誰も内容を読もうとせず、住民に情報を周知するパンフレットの役割を果たすことができなくなってしまうでしょう。

大切なビジネスで使うプレゼン資料や会議の資料が、同じように、文章ばかりで役割を果たさない書類になってしまっては大変です。それを避けるために、「図解をうまく使いなさい」と上司は指示を出しているのです。

Prologue 図解は強い印象を残す

図解の使用には、他にもさまざまなメリットがあります。

文章だけで説明した場合に比べて、図解で示すと見る人に強く印象を残せるという特長もその１つです。

これも具体例で見てみます。下の図P-3は、先程の図P-2と同じパンフレットに載っていた、単純な図解です。

同じ内容を、実際に文字だけで示したものと比べてみましょう。

■ 図P-3—回収対象の現行と今後（イラスト有り） ■

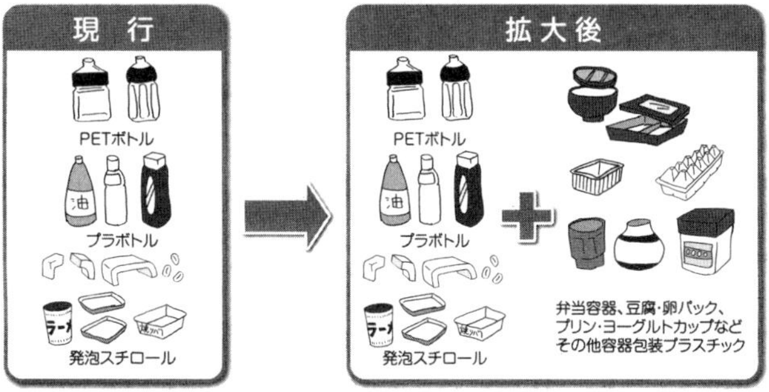

「ゴミ処理基本計画のあらまし　循環型都市八王子プラン」より（八王子市環境部発行・著作権保護のため一部イラストを変更）

「回収対象は、現行はPETボトル、プラボトル、発泡スチロールですが、拡大後はこれらに加えて弁当容器、豆腐・卵パック、プリン・ヨーグルトカップなど、その他容器包装プラスチックも回収します」

どうですか？　味気ない説明になってしまい、これでは読者に読み飛ばされてしまって、記憶に残りません。

それに比べて図P-3では、イラストを使って具体的なイメージを読者に抱かせています。単純な内容であっても、図解を使った方が強く印象を残せるのです。

イラストを使えない場合でも、文章のみの説明よりは図解を使った方がずっと実感がわくでしょう（図P-4）。

■ 図P-4―回収対象の現行と今後（イラスト無し）■

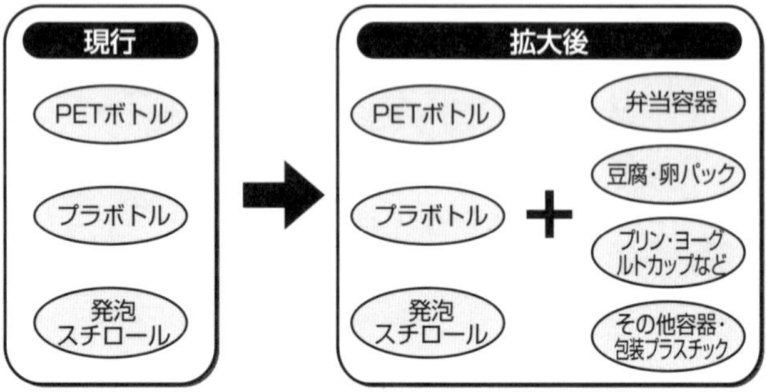

Prologue 図解は考えも整理してくれる

図解には、まだ別のメリットもあります。

それは、**図解を利用することで物事の関係性を整理し、筋道を立ててまとめることができること**です。図解すること自体が、思考や発想を手助けして考えをまとめる手段になるということで、これを「**図解思考**」と言います。

複雑で錯綜した問題を考えるとき、頭の中が混乱してしまって考えがまとまらなかったり、ステレオタイプから抜け出せないことがあります。

こんなとき、キーワードを紙に書き出して、関係のあるものを大きな枠で囲ったり、線や矢印で結んだりしていると、複雑な事柄が整理されて、自分の考えを客観的に見つめることができるようになります。考えを視覚化することで、物事の本質や考えの矛盾、今まで気づかなかった新しい視点が見えてくるのです。

また、新しいアイデアを出したいときに、空欄を埋めようとする人間の心理を使ってアイデアを導き出す図解ツールもあります。

この手の図解思考ツールの代表的なものとしては、「マインドマップ」や「マンダラート」などが挙げられます。

本書は図解技術の入門書なので、こうした図解思考やそのツールについては詳しく解説していません。しかし、図解の仕方を学ぶ過程で、この図解思考についてもある程度は自然に身に付いていきますので、機会があったら試してみることをお勧めします。

より詳しく図解思考について知りたい人は、書店に多くの参考書が出ているので、当たってみるとよいでしょう。

■ 図P-5—図解思考の例：マンダラート ■

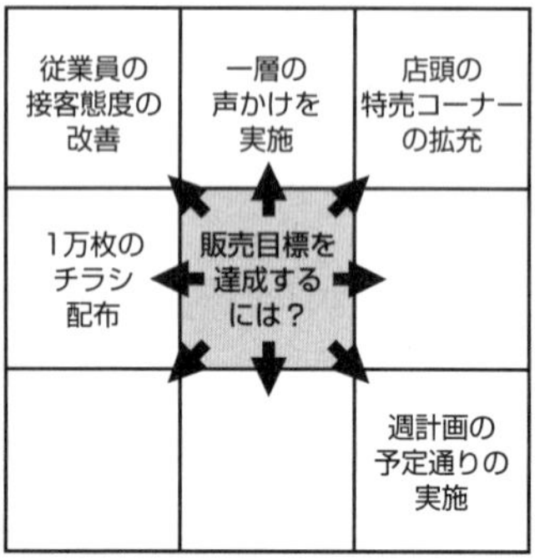

▶中心のマス目に設問を置き、周囲の空欄を埋めていく

図P-6—図解思考の例：マインドマップ

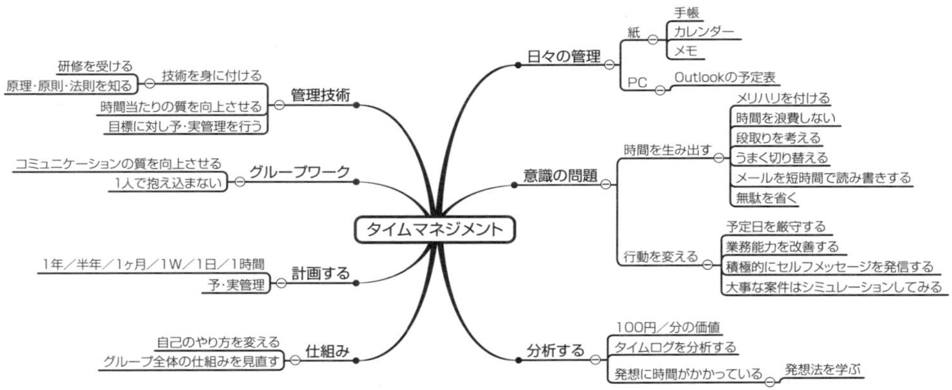

▶中心に置いたテーマから、思いつくままにキーワードを増やしていける自由度の高いツール

Prologue　図解の技術は、どうすれば身に付くのか？

このように、図解には多くのメリットがあります。では、どうすれば、そうしたメリットを活かした上手な図解が描けるようになるのでしょうか？

答えは簡単です。上手な図解を描くには、次の3つのポイントについて、理解して覚えればよいだけです。

それは、①**すべての図解に共通する基本ルール**、②**いくつかの図解パターン**、そして、③**作り方のちょっとしたコツ**の3つです。

本書では、この3つの要素を、簡単な文章とサンプル図解で順番に説明していきます。第1章では①の基本ルールを、第2章と第3章では②の図解パターンを、第5章では③の作り方のコツを解説しています。第4章は、プラスアルファのメリハリの付け方についてです。

この本を最後まで読むだけで、あなたも図解の技術を身に付けることができるのです。

第１章
すべての図解は３つの基本ルールで成り立っている

第1章では、すべての図解を構成する3つの基本ルールについて解説していきます。
とても簡単ですから、すぐに覚えることができるでしょう。

1 3つの基本ルールって何？

誰でも上手な図解を描けるようになると言われても、職場で目にする書類に使われている図解はどれも複雑そうで、本当に自分が描けるようになるのか不安に思う読者も多いでしょう。

心配は不要です。

どんなに複雑そうに見える図解も、実は、とても単純な3つの基本ルールを、よく使われる図解のパターンと組み合わせただけのものだからです。

まずは、3つの基本ルールから見ていきます。

あらゆる図解を構成している3つの基本ルールとは、次のようなものです。

●囲む　●つなぐ　●配置する

たったこれだけです。

どうでしょうか？　拍子抜けするぐらい簡単ですよね。

あらゆる図解は、この「囲む」「つなぐ」「配置する」の3つの基本ルールからできており、それをいろいろなパターンに当てはめたり、組み合わせたりすることで、初めて複雑な図解を作ることが可能になります。

下の図1.1は、それを図解で示したものです。

図1.1―図解は3つの基本ルールでできている

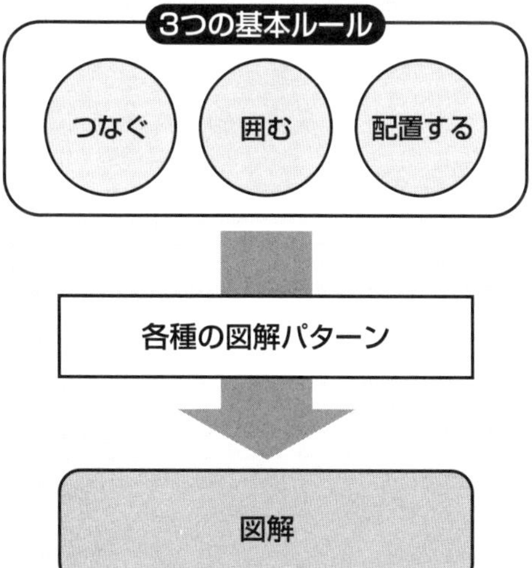

▶どんなに複雑な図解も3つの基本ルールで構成されている

2 「囲み」の役割は？

では、3つの基本ルールのそれぞれについて、どんな働きをしているのかを順番に見ていきましょう。

働きを考えるための題材として、下の図1.2を使います。ごく単純な内容の図解で、「エネルギー消費量が増大すると地球温暖化が起こる」ことを表現したものです。

この単純な図解を分解すると、右上の図1.3で示すように、「囲み」と「つなぎ」の2つの基本ルールを使って作られていることがわかります。

■ 図1.2―単純な図解の例 ■

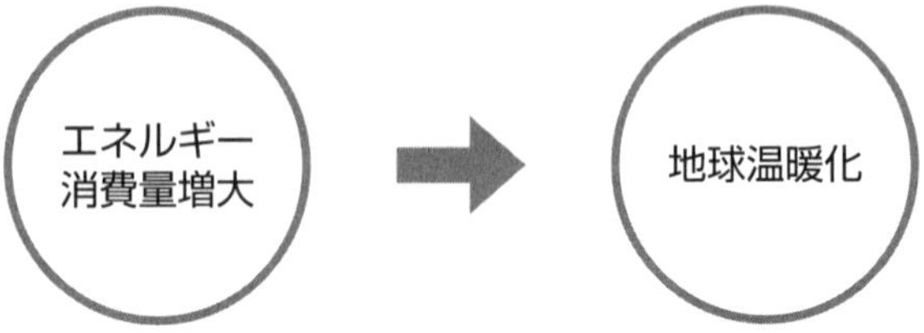

▶ エネルギー消費量増大と地球温暖化の関係を示している

■ 図1.3—単純な図解の構成要素 ■

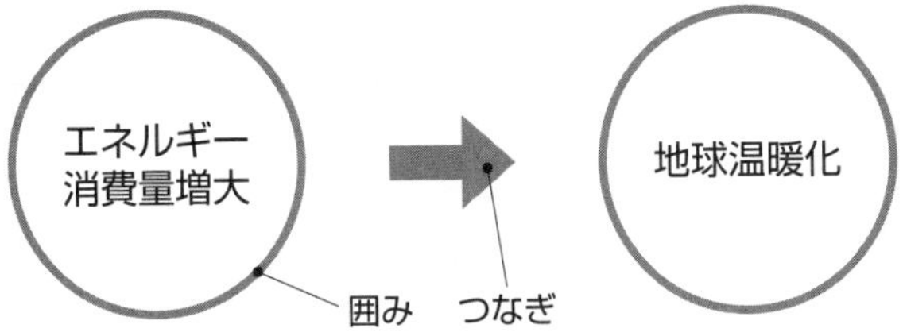

「囲み」と「つなぎ」が、それぞれどんな役割を持っているのか、逆に、「囲み」や「つなぎ」がない場合を想定して考えてみましょう。

下の図1.4は、「囲み」も「つなぎ」も使わずに、図1.2と同じ内容を図解した例です。

もはや図解とは言えず、単に文字列が並んだだけになってしまいました。

■ 図1.4—「囲み」と「つなぎ」を省略した図解 ■

エネルギー
消費量増大　　その結果は　　地球温暖化

▶ 文章による説明と変わらない

この、図解になっていない図1.4から、「囲み」の働きがわかります。

「囲み」は、キーワードを図解要素として視覚的に明確にし、図として扱いやすくする役割を持っているのです。

少し専門的な言い方をすると、「地」と「図」が渾然としていた状態から、「地」と「図」をハッキリと分けて示したことになります。

背景が「地」で、円が「図」です。囲むことによって、ただの文字列を「図」として明確に認識できるようにしたのです。

これが、「囲み」の最大の役割です。

●「囲み」は、文字を「図」として認識できるようにする

3 「つなぎ」の役割は？

では、「つなぎ」の役割は何でしょうか？

図1.2から、「つなぎ」だけを省いた下の図1.5を使って考えてみます。

もとの図では、「エネルギー消費量増大」の結果「地球温暖化」が起こることがわかりますが、この図1.5では2つの円の関係が不明で、何を言いたいのかよくわかりません。

「つなぎ」の役割は、囲んだ図形同士の関係を示すことなのです。

■ 図1.5—「つなぎ」を省いた図解 ■

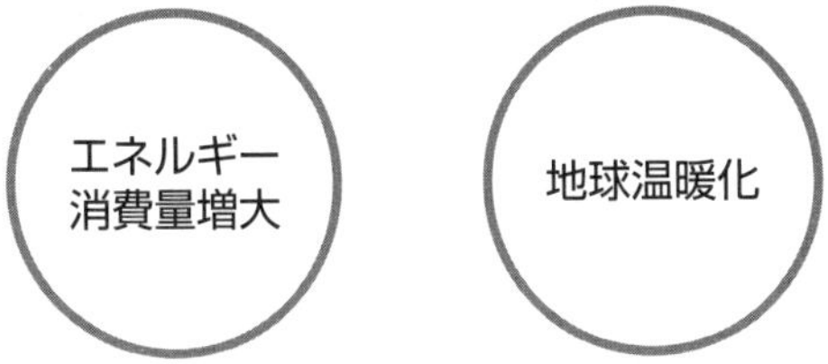

▶2つの囲み図形の関係がわからない

では、下の図1.6のように矢印以外で結んだとしたらどうでしょうか？　これも立派な「つなぎ」です。

この場合、2つの円で囲まれた図形同士に関連があるということはわかりますが、「エネルギー消費量が増大すると地球温暖化が起こる」というメッセージはうまく伝わりません。

「その結果」あるいは「影響が及んで」を意味する「つなぎ」としては、直線ではダメで、矢印でなければしっくりこないのです。

また、つながれている囲み図形も、円形ではなく別の形だったらどうでしょうか？

■ 図1.6—矢印以外でつないだ例 ■

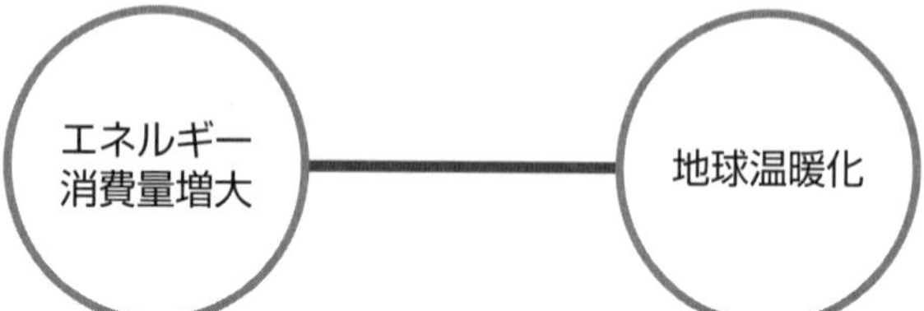

▶ 関係があることはわかるが、本来の意味とは異なる

長方形や正方形なら問題ないでしょうが、星形や、アメーバのようなオーガニックな形だったら、本来の図解のメッセージとは別の意味になってしまいそうです。

基本ルールにも、いろいろなバリエーションがあるわけです。

こうした図形要素ごとの使い方の違いは、これからじっくりと説明していきます。今はまず、以下の「つなぎ」の基本ルールの働きを、しっかりと理解してください。

●「つなぎ」は、囲んだ図形同士の関係を示す

4 「配置」の役割は？

3つの基本ルールの最後の１つは「配置」です。

単純に並べたりそろえたりするのとは違って、図が特定の位置でなければならないときに、そこに描くことを「配置」と呼びます。

「配置」の働きは、「囲み」や「つなぎ」の図形を図解の中の特定の場所に描くことによって、さまざまな意味を表現することです。

「配置」で表現できる意味は、状態、構造、変化、関係、分布、階層などさまざまで、表現したい意味ごとにおおよそ決まったパターンがあります。そうしたパターンについては、第2章から紹介していきます。

例えば、右の図1.7は、資金の運用を「国債」「株式」「外貨預金」の3通りに分けて、それぞれの運用方法のリスクとリターンを示したものです。

この例では、2本の座標軸によって作られたフィールドのどこに図形を描くかという「配置」が、重要な意味を持っています。

●「配置」することによって、「囲み」と「つなぎ」だけでは表現できない意味を表現する

これが、3つ目の基本ルール「配置」の働きです。

■ 図1.7—「配置」の図解例 ■

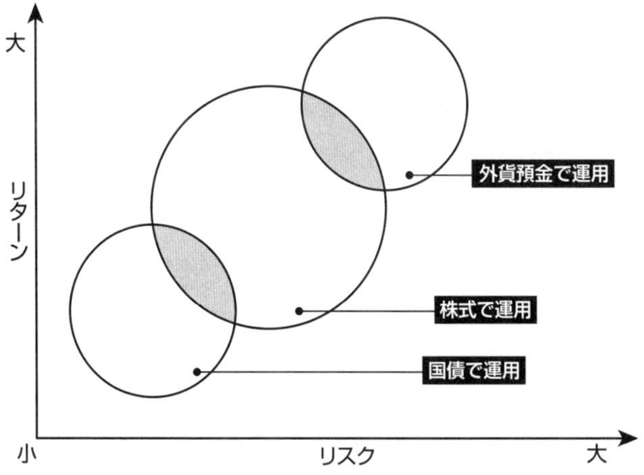

▶「配置」は、文字通りどこに配置するかで多くの意味を表現する

5 複雑な図解も枝葉を落とせば単純化できる

3つの基本ルールはとても簡単なので、すぐに理解してもらえたと思います。3つの基本ルールを理解していると、複雑に見える図解も、次の（1）～（3）のうちのどれかだということがわかります。

（1）　3つの基本ルールを複数組み合わせている
（2）　3つの基本ルールに枝葉を付けている
（3）　（1）と（2）を組み合わせている

ということは、3つの基本ルールを理解した今なら、複雑な図解を単純化することができるはずです。

右の図1.8を例にして見ていきましょう。この図解は一見複雑ですが、よく見ると上記（1）～（3）のうちの「（2）3つの基本ルールに枝葉を付けている」パターンの図解だとわかります。

網や影などの見栄えをよくするための余計な飾り付けをそぎ落とし、内容も本質的な部分だけを残して副次的な要素を削ってやると、次ページの図1.9のように、「自社」と「委託会社」の間の単純なやり取りを図解したものであり、自社と委託会社を「囲み」と矢印の「つなぎ」で示しただ

■ 図1.8—一見複雑な図解 ■

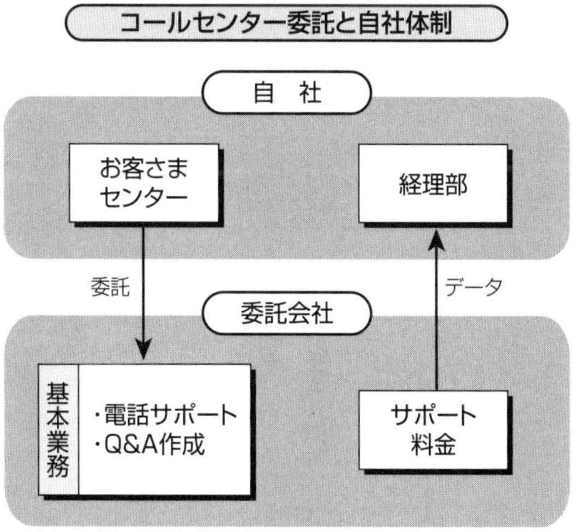

▶ 飾りや副次的な要素に惑わされず、どこが本質的な要素かを探すとよい

けのものだということがわかます。

図1.8の図解を作った人は、ベースとなる下の図1.9を最初に考えたあと、そこに飾りを付けたり、副次的な要素を入れたりして、最終的に図1.8の図解を完成させたのでしょう。

このように、複雑な図解を単純化することができるようになると、図解を作るときにも非常に役に立ちます。図解は、大きな視点から入っていくとラクに描けるからです。

■ 図1.9—図1.8の図解の基本形 ■

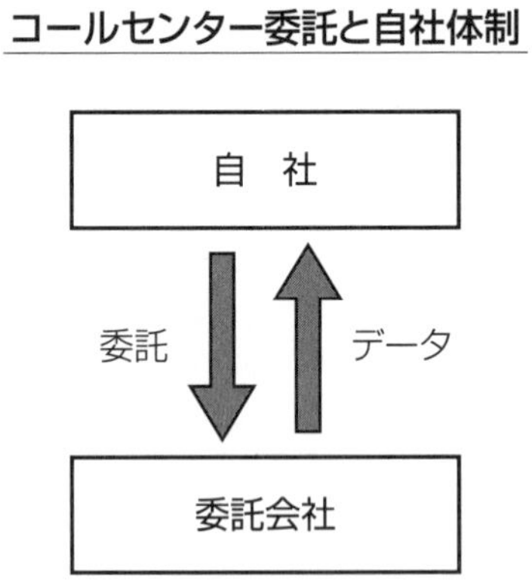

6 組み合わせを分解すれば単純化できる

もう1つ例を見てみましょう。下の図1.10は、図P-2や図P-3と同じ、ごみ処理に関するお知らせパンフレットから抜粋した図解です。

非常に複雑な図解に見えますが、この図解も、よく見ると比較的単純な図を4つ組み合わせただけのものだという

■ 図1.10―ゴミゼロ推進運動を示した複雑な図解 ■

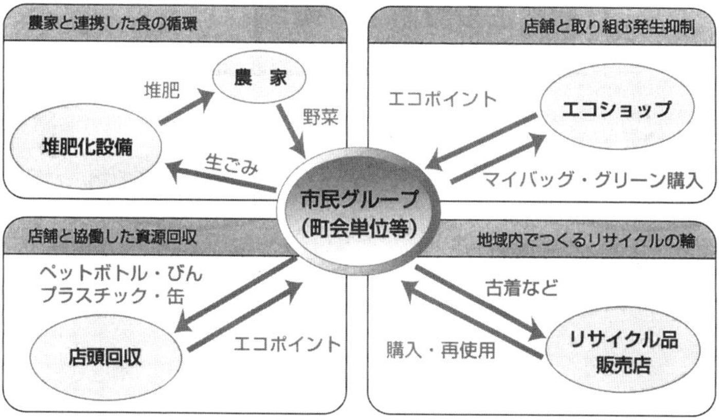

「ゴミ処理基本計画のあらまし　循環型都市八王子プラン」より（八王子市環境部発行）

ことがわかります。前項で説明した（1）～（3）で言うと、（3）のパターンの図解です。

実際に分解してみると、下の図1.11のようになります。「市民グループ」が4つの図解に共通なので、それを中心に置いて1つの図解にまとめたのが、前ページの図1.10というわけです。

■ 図1.11—図1.10を分解した図解 ■

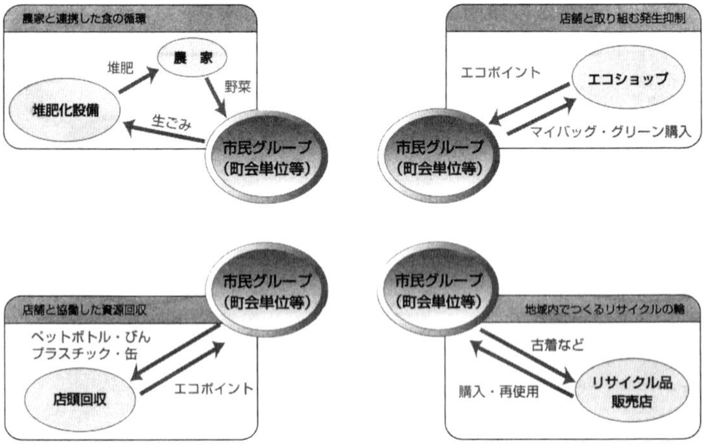

▶4つの図形それぞれも、よく見ると「囲み」と「つなぎ」でできている

❑ *Lets Try!*

図解の第一歩を学んだところで、実際に簡単な図解に挑戦してみましょう。

演習問題1　以下の例文を図解しなさい。

経営資源の充実を図り、企業の発展を促す。

【解説】

簡単な演習ですが、あえて手順を示すと次のようになります。

(1) まずキーワードを抽出します（キーワードは「経営資源の充実」と「企業の発展」）。

(2) キーワードを枠（長方形）で囲みます。

(3) キーワード間の関係を調べます。「経営資源の充実」を図り、その結果として「企業の発展」を促す、という意味なので、両者間を帰結を表す矢印でつなぎます。

ということで、下の図1.12のような図解が完成します。

このとき注意しなければならないのは、キーワード以外の枝葉はそぎ落とすことです。

右上の図1.13のように、矢印の意味を明確にして、より簡潔なキーワードで示すこともできます。

■ 図1.12―単純な解答例（1） ■

■ 図1.13—単純な解答例（2）■

では、下の図1.14の表現ではどうでしょうか？

間違いではありませんが、これでは説明的すぎて図解の面白さが失われてしまいます。

図解で内容を100％表現するのは難しく、無理にそうしようとすると、図解が複雑なものになってしまって図解のメリットを有効に活用できません。

図解は、ポイントが的確に伝わればよいと考えましょう。それ以上の詳細情報を伝えたいのであれば、プレゼンテーションの場であれば言葉で補足し、文書であれば文章で補足するようにします。

■ 図1.14—説明的すぎる解答例 ■

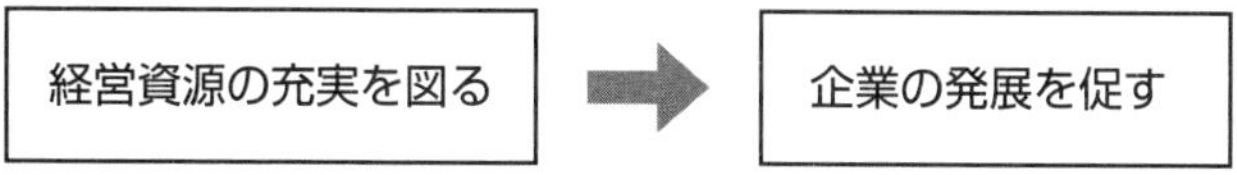

演習問題 2　以下の例文を図解しなさい。

企業の発展に必要なものは、企画力、販売力、開発力の3つである。

【解説】

これも簡単な図解です。キーワードの「囲み」と直線の「つなぎ」だけで構成できます。手順を示すと次のようになります。

(1) まずキーワードを抽出します（キーワードは「企業の発展に必要なもの」「企画力」「開発力」「販売力」）。

(2) キーワードを枠（円）で囲みます（図1.15）。

■ 図1.15―枠（円）で囲ったキーワード ■

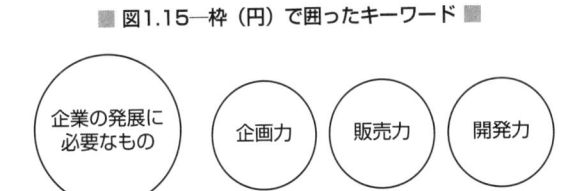

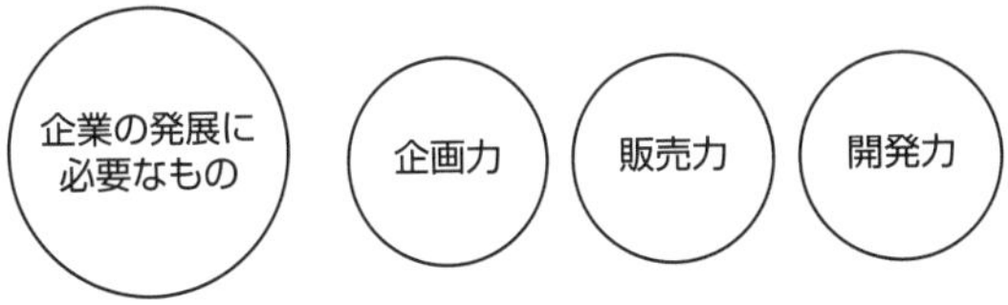

(3) キーワード間の関係を調べます。「企業の発展に必要なもの」と３つの力「企画力」「販売力」「開発力」は、内容（性格）が異なるので分けて考えます（図1.16）。

■ 図1.16―囲んだキーワードの分析 ■

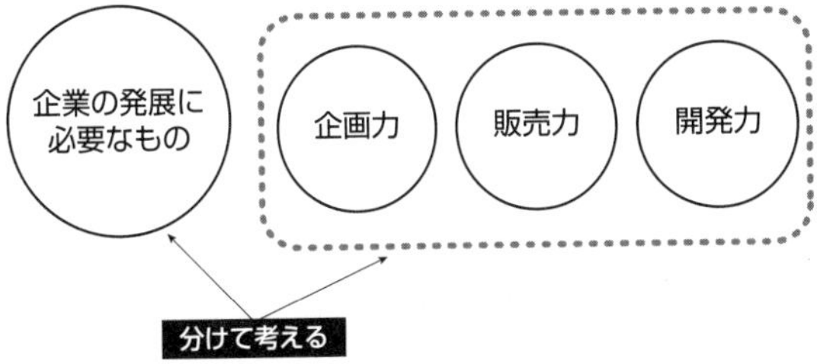

(4) 「企業の発展に必要なもの」は、「企画力」「販売力」「開発力」の3つの力であり、それらは対等であると考えられるので、3つのキーワードが対等に見える形を考えます。下の図1.17のように3つのキーワードの円を三角形の頂点に置いて直線でつないだり、3つの円を接触させたり重ねたりする図が考えられます。

■ 図1.17—3つの円のさまざまな組み合わせ ■

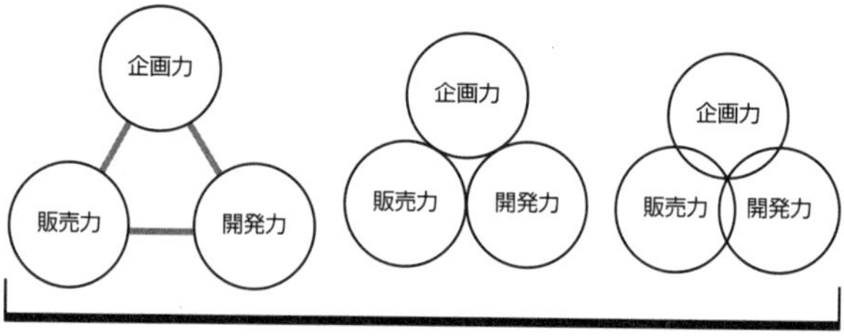

▶ 3つのキーワードが対等で、3つのキーワードの力を合わせるというイメージになる

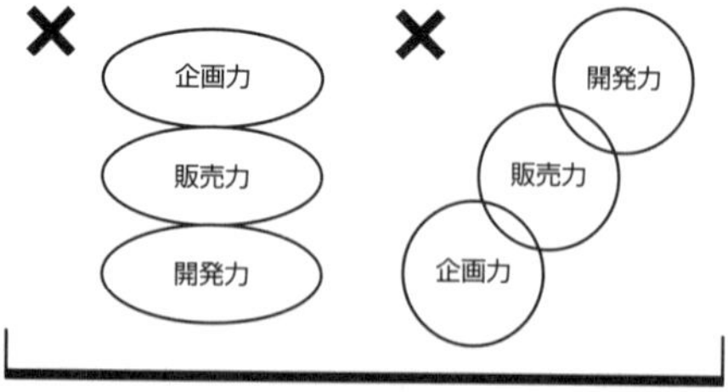

▶ 3つのキーワードが対等というイメージではないので、このような図は使わない

■ 図1.18—タイトルを使った解答例 ■

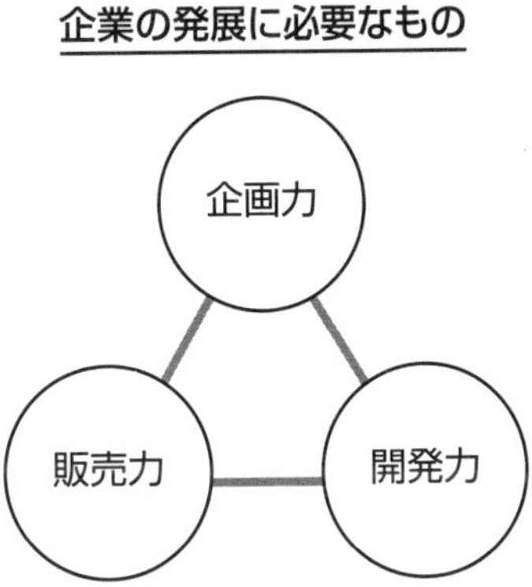

▶ タイトルで「企業の発展に必要なもの」を表現した例

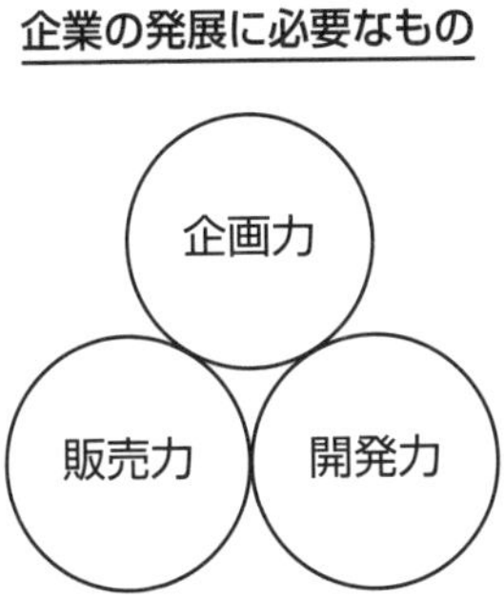

▶「つなぎ」を使わずに表現することもできる

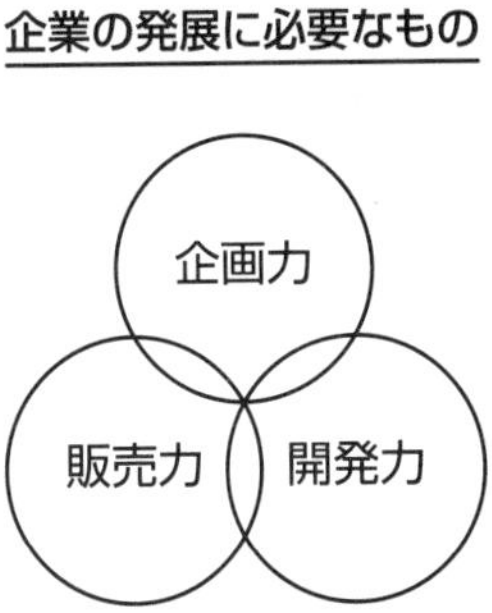

▶ 3つの力の相互作用をより強調した例

■ 図1.19—キーワードを中心に配置した解答例 ■

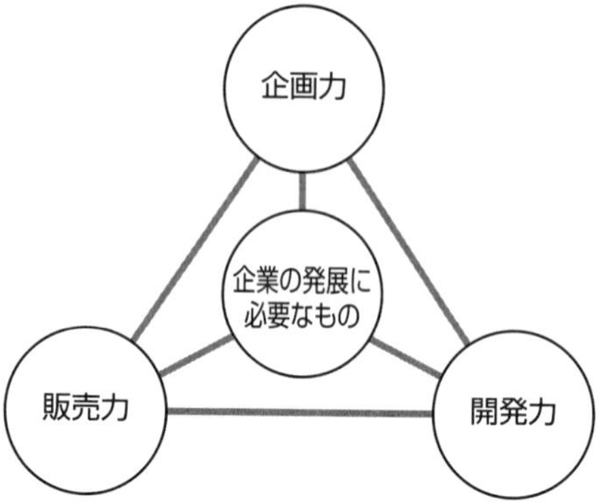

▶「企業の発展に必要なもの」を三角形の中心に配置した例

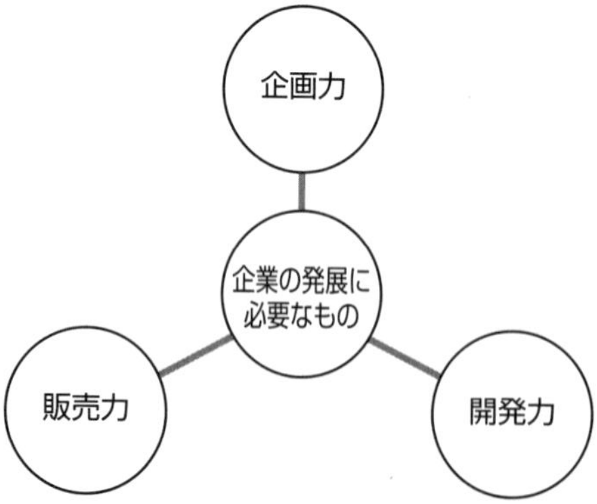

▶3つの力と「企業の発展に必要なもの」だけをつないだ例

前々ページの図1.18と左の図1.19が一般的な解答例です。

図1.18では、キーワードの「企業の発展に必要なもの」をタイトルで表現しています。下側の２つの例のように、「つなぎ」を使わずに円を接触させたり重ねたりして表現しても問題ありません。

図1.19では、「企業の発展に必要なもの」を、タイトルではなく囲み図形の１つとして三角形の中心に配置しています。

中心に配置する場合、３つの力によって「企業の発展」が促されているという関係なので、３つの力と中心の「企業の発展」を直線でつなぎます。下側の例のように、「企業の発展」と３つの力のかかわりをより強調するため、直線を中心と結ぶものだけにしてもよいでしょう。

これに対して次ページの図1.20は、どれももう少し工夫がほしい解答の例です。

上の例は、少し平凡な感じで訴求力に欠けています。また、並べ方が適切でないので、対等な３つの力を合わせるというイメージがわきません。

中央の例は説明的すぎて、図解としての面白さに欠けます。

下の例は、単にキーワードを囲んだものを並べただけで、図解とは言いがたい感じがします。必要な「つなぎ」が欠けているため、要素ごとの関係がわからないのです。

■ 図1.20—もうひと工夫が必要な解答例 ■

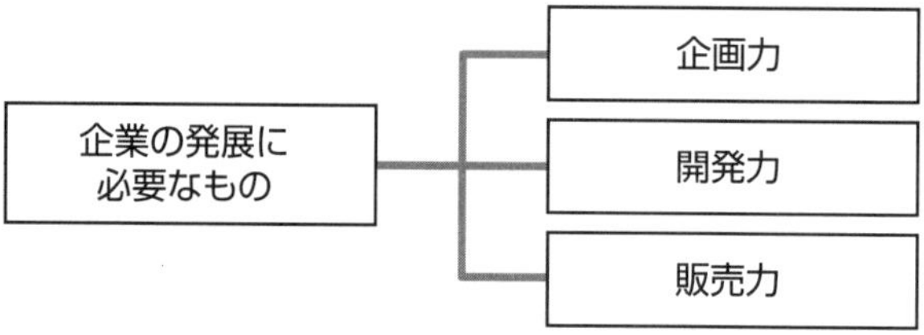

▶ 3つの力の並べ方が、対等な関係を表現できていない

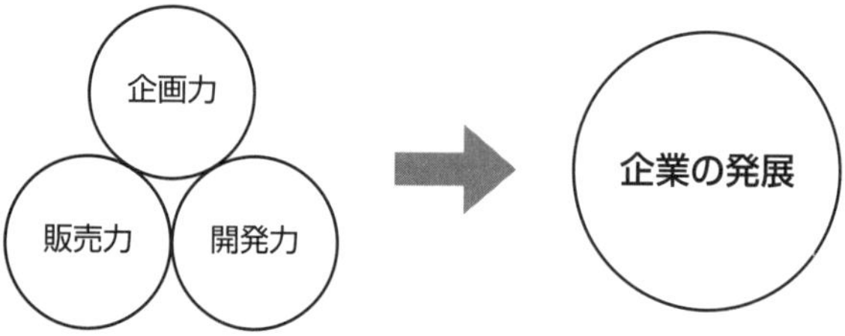

▶ 一目で理解できる図解のメリットを活かし切れていない

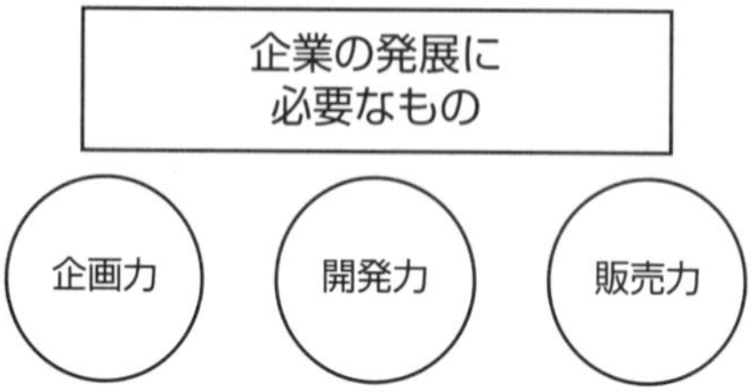

▶ 必要な「つなぎ」が欠けているため、図解になっていない

では、もう少し表現の幅が広がるような演習に取り組んでみましょう。

演習問題 3	以下の例文を図解しなさい。

業務遂行レベルには、まず、決められたことがその通りにできる基本があり、その上に、時と場合によって臨機応変な対応が可能な応用がある。さらにその上に、自分なりの創意・工夫を発揮できる創造がある。

【解説】

この文章のキーワードは、「業務遂行レベル」「基本」「応用」「創造」になります。

ただし、この例ではキーワードだけで図解すると情報が不足してしまってわかりにくくなるため、「基本」「応用」「創造」のそれぞれに「決められたことがその通りにできる」「時と場合によって臨機応変な対応が可能」「自分なりの創意・工夫を発揮できる」を補足説明として加えるようにします。

下の図1.21は、これらの要素をほとんど工夫しないで図解した例です。このままでは図解としての面白みに欠けるので、工夫が必要です。

■ 図1.21―要素をそのまま図解した例 ■

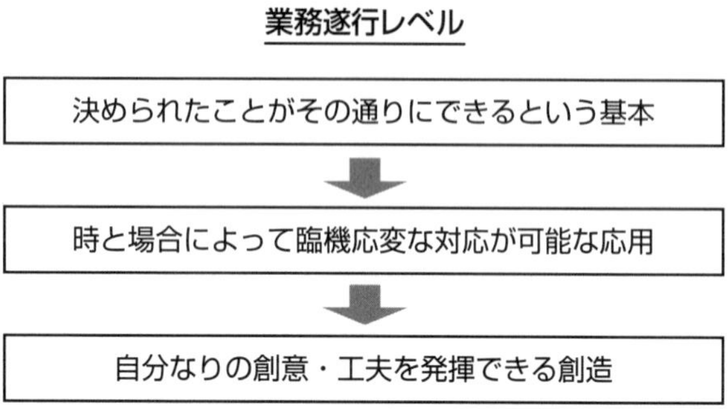
業務遂行レベル
決められたことがその通りにできるという基本
時と場合によって臨機応変な対応が可能な応用
自分なりの創意・工夫を発揮できる創造

まず、キーワードを強調してみます。補足的な説明はキーワードに添えて、相対的にキーワードが目立つようにしてみると、下の図1.22のようになります。

■ 図1.22―キーワードを強調した図解例 ■

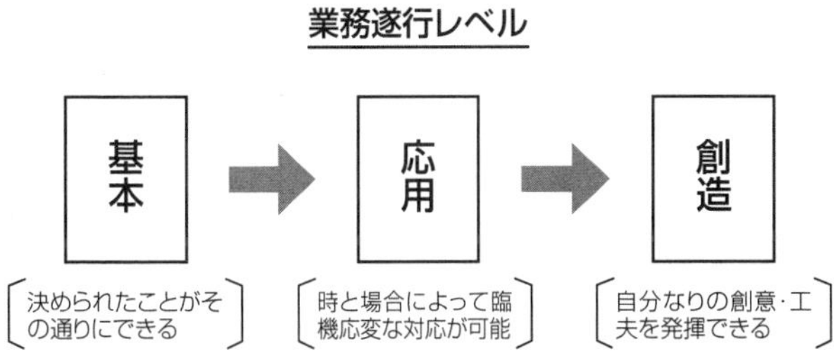

■ 図1.23―ステップアップを表現した図解例 ■

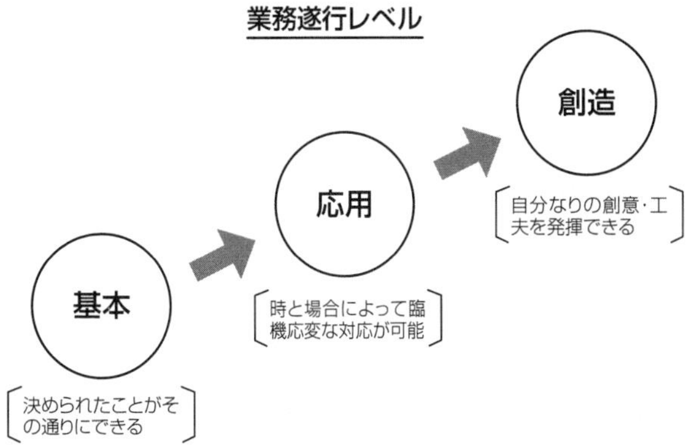

さらに、「基本」→「応用」→「創造」とステップアップしていく様子を表現すると、前ページの図1.23のようになります。

右上方に向けた矢印は上昇のイメージを強く伝えるので、それを意識して「基本」「応用」「創造」のキーワードを右上の方向に「配置」してみました。

下の図1.24は、そのステップアップのイメージをさらに強調した例です。図1.23とほぼ同じ意味合いです。

■ 図1.24―ステップアップを強調した図解例 ■

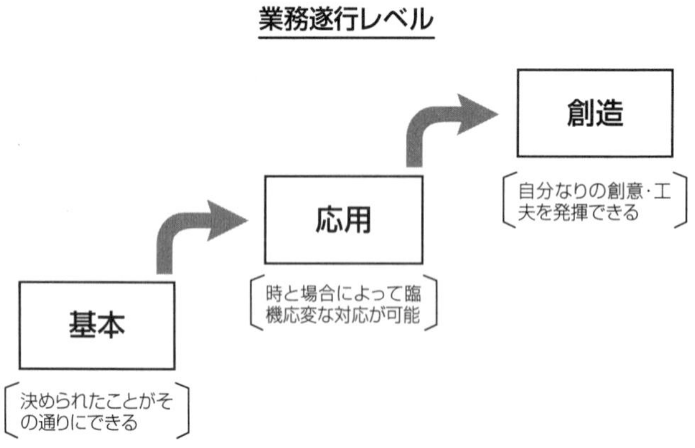

▶階段状の「配置」でステップアップを強調している

■ 図1.25―状態を強調した図解例 ■

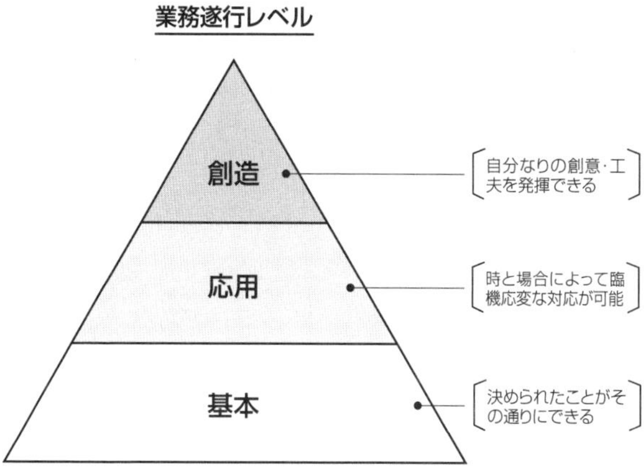

▶ピラミッド型は、便利に使える囲みパターンの代表

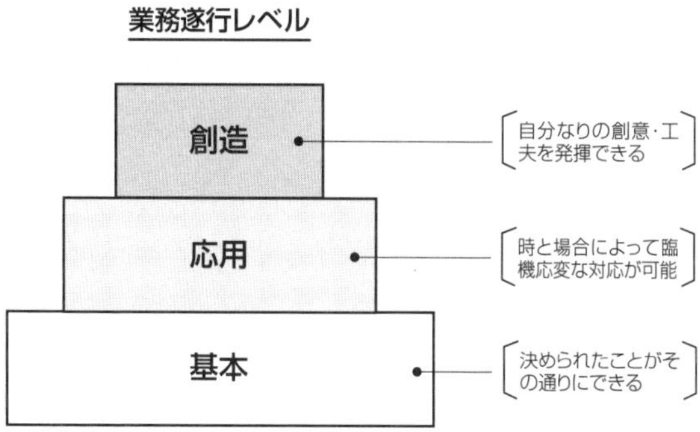

▶階段ピラミッド型でも同じ意味を表現できる

ステップアップという「動き」ではなく、基本の上に応用があり、その上に創造があるという「状態」を表現しようとすると、前ページの図1.25のような図解になります。

上側の例は、三角形を使って、3つのキーワードに関して「つなぎ」を使わずに「囲み」だけで表現しています。下側の例はその変形版で、意味合いは同じです。

以上、3つの演習問題を解いてみて、どのように感じたでしょうか？　意外に簡単だと思いましたか？　それとも、難しいと感じましたか？

全部できたという人は、すでにかなりの技術を持っていると言えます。

これら3つの演習問題には、実はこれまでに学んだ「囲み」「つなぎ」「配置」の3つの基本ルールだけでは描けない要素も多く含まれていました。だから、まったく描けなかったとしても今は心配しないでください。

第2章からはその足りない部分、基本ルールを当てはめていく図解のパターンを解説していきます。

第2章

基本的な図解パターンを身に付けよう！

第2章では、「囲み」「つなぎ」「配置」の3つの基本ルールそれぞれにより詳しく説明を加えながら、基本ルールを当てはめる各種の図解パターンの中でも、特に基本的なものを紹介していきます。

1 「囲み」の最も単純なパターン

「囲み」の最も単純な図解パターンは、**1つのキーワード（ときには文）を1つの図形で囲んだだけというもの**です。

キーワードを囲む図形（以下、囲み図形と呼びます）としては、下の図2.1に示すような円、正方形、長方形、三角形、角丸四角形、菱形、楕円などがあります。いずれも、これらの図形にキーワードを入れて使います。

図2.1―「囲み」に使う基本図形

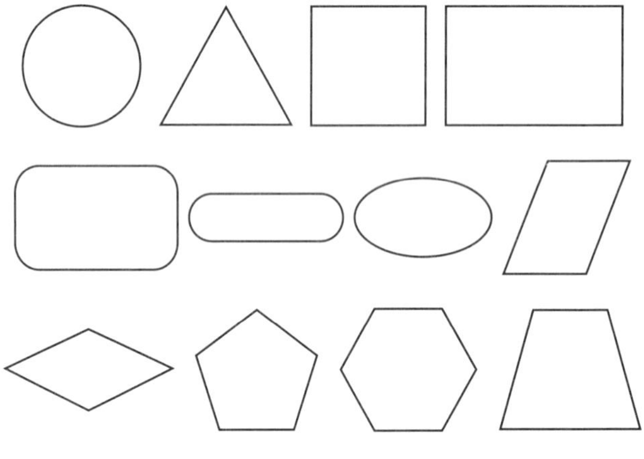

2 方向性を持った囲み図形

これらの基本図形以外にも、特定の意味合いを表現したい場合には、それぞれの意味ごとにおおよそ決まった形の囲み図形を使うことがあります。

例えば、時間の流れや大小などの方向性を表現したい場合には、**図形そのものに方向性が感じられるもの**を使うと自然な感じの図解になります（図2.2）。

これらの囲み図形は、図形の中にキーワードを入れ、流れや分布などの方向を示すように配置して使います。

次ページの図2.3に、実際にこうした図形が使われている図解例を示しています。

■ 図2.2—方向性を持った囲み図形 ■

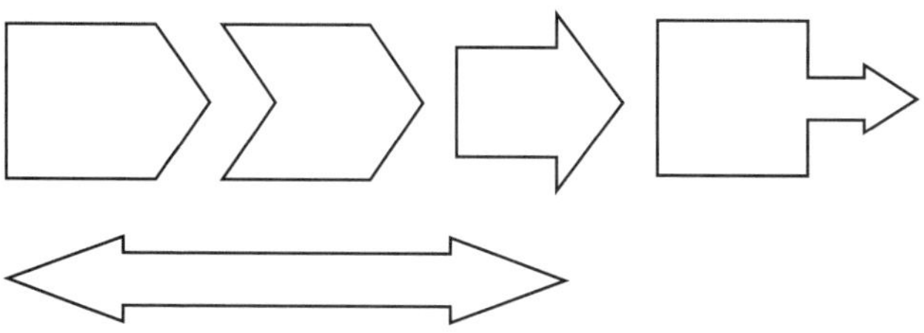

■ 図2.3—方向性を持った囲み図形の使用例 ■

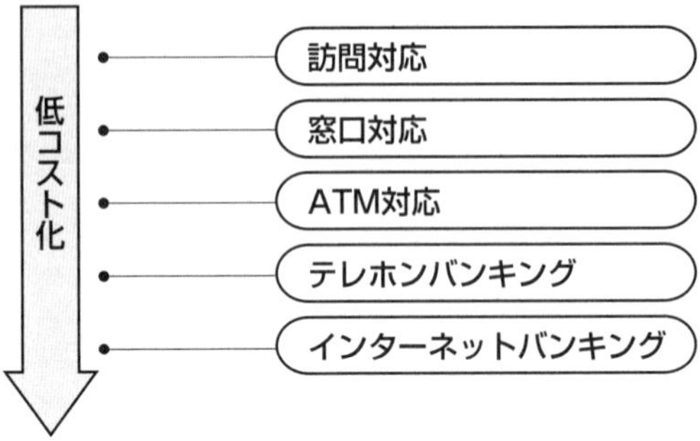

▶ 上から下にいくほどコストが下がる様子を表現している

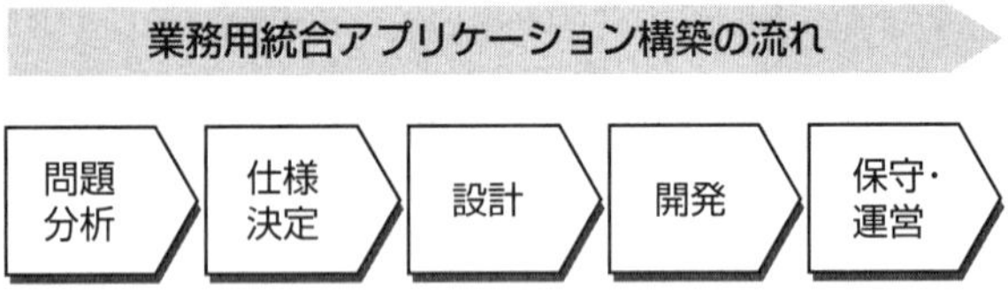

▶ 左から右への作業の流れを示した例

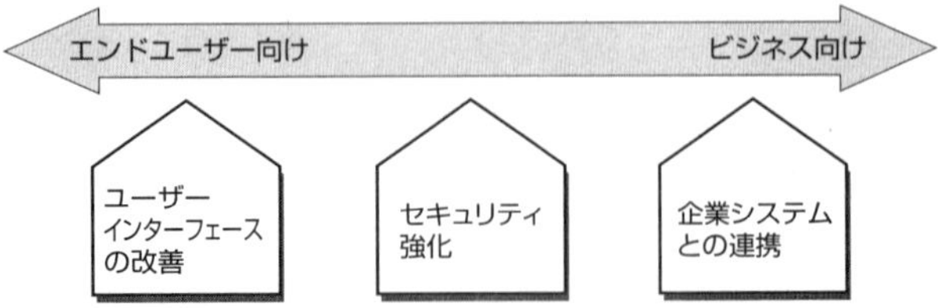

▶ 左右の両端に相反する要素を配置している

3 説明を加える囲み図形「吹き出し」

図解の一部に説明を加えたい場合は、特殊な囲み図形「**吹き出し**」を使います。下の図2.4のような形が基本図形で、飛び出している突起の部分で、説明を加える部分を指し示すようにして使います。また、人物の発言内容であることを示すときにも使えます。

吹き出しを使う際の注意点は、多用しすぎないことです。吹き出しを多用しすぎると、図解のポイントがぶれるほか、見た目にもうるさい感じの図解になってしまいます。

具体的には、次ページの図2.5のような使い方をします。

図2.4─吹き出しの基本図形

■ 図2.5—「吹き出し」の使用例 ■

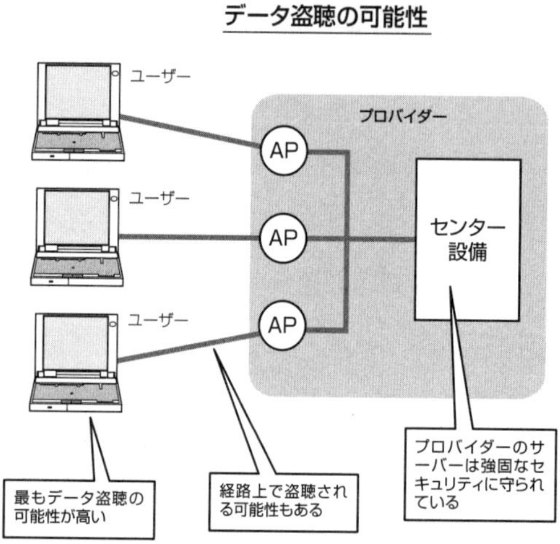

▶図だけでは説明できない部分に、吹き出しで追加説明を加えている

▶人物の発言内容であることをイラストと吹き出しで表現した例

4 フローチャート用の囲み図形

フローチャートでは、よく使われる囲み図形の形がおおよそ決まっており、四角形や角丸四角形などの基本図形のほかに、下の図2.6のような特殊な形の囲み図形が使われます。

フローチャートとは、物や情報の流れを表現するのに適した図形で、囲んだキーワードを流れの順番に沿って並べることで、複雑なプロセスをわかりやすく伝えることができるものです。

フローチャート用の囲み図形は、下の説明のように形状ごとに使い方がおおよそ決められているので、間違えないで使うように注意しましょう。

■ 図2.6—フローチャートに使われる囲み図形 ■

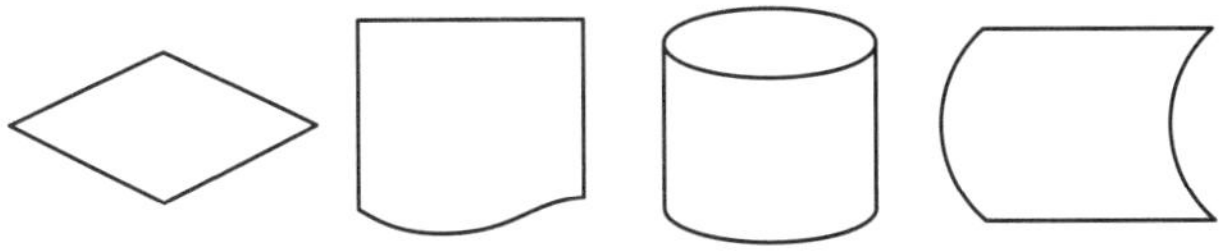

▶判断·決断·分岐などを表す

▶書類·印刷物などを表す

▶蓄積されたデータなどを表す

▶記憶・データなどを表す

例えば、下の図2.7は、判断を示す菱形が使われているフローチャートの例です。この菱形のところを別の形にしてしまうと、うまく意味が通らなくなってしまいます。

■ 図2.7—フローを示す図解（フローチャート） ■

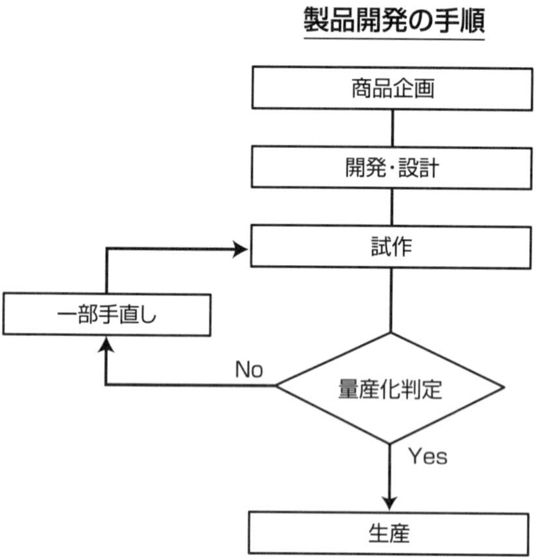

▶ 菱形の部分で判断が問われている

同じフローチャートの中で、いろいろな種類のフローチャート用囲み図形を使うこともあります。下の図2.8のフローチャートでは、異なる性格の囲み図形を使い分けることで、より複雑なフロー（流れ）を直感的に理解できるようにしています。

図2.8―フローチャート用囲み図形を使った図解

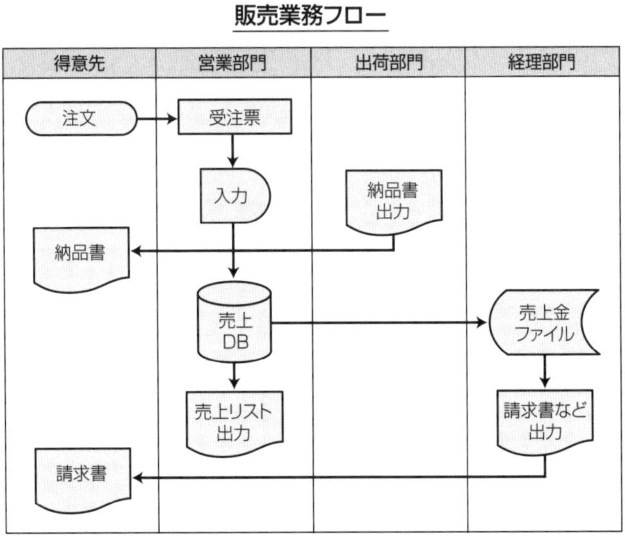

▶電子データと紙の書類の違いなどを、形の違いで表現している

5 インパクトを与える囲み図形

「注意」「警告」「事故」などを表現したい場合には、その部分に見る人の注意を強く引き付けることが求められます。このような場合には、下の図2.9のような特別な形の囲み図形を使うとよいでしょう。専門的には、「**バクダン**」と呼ばれる図形です。

この図形を使う際には、形に合った使い方をしないと、内容と視覚的な強さが合わずにチグハグな印象を与えてしまうので注意が必要です。

右の図2.10は、このバクダンを使った図解の例です。どちらの例でも、強調したい部分をより目立たせるために、白黒を反転させるテクニックを併用しています。

■ 図2.9―強いインパクトの囲み図形「バクダン」■

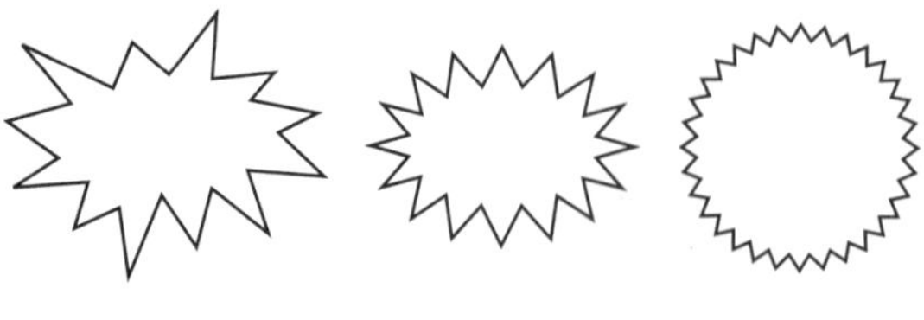

図2.10―「バクダン」を使った図解の例

▶「リスク」を強く感じさせるためにバクダンを利用した例

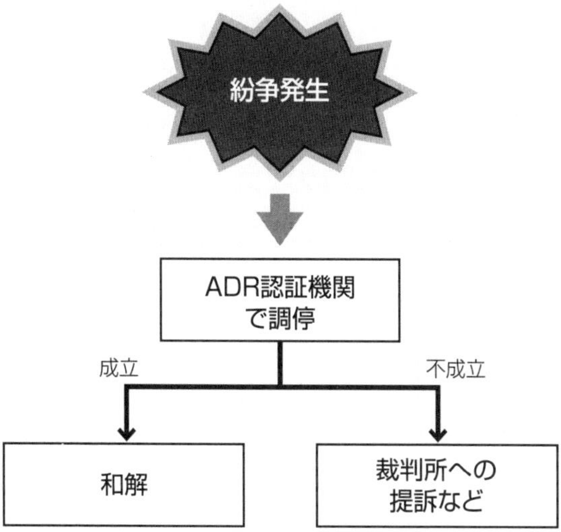

▶同じく「紛争」を強調するためにバクダンを利用した例

6 囲み図形の形ごとの性格

　囲み図形にはさまざまな形がありますが、**それぞれの形ごとに異なった性格がある**ことも知っておくと、図解する際により適切なものにすることができます。

「囲み」の基本図形が持つそれぞれの性格を示したものが、右の図2.11です。図形の性格が、見る人の印象に影響することがわかります。

　こうした図形の形ごとの性格については、あまり厳密に考える必要はありませんが、一般的な使い方を大きく逸脱するのも好ましくありません。特に意図もないのに一般的ではない使い方をすると、図解に意図していなかった意味合いが生まれてしまうからです。

　例えば、星形や、アメーバのようなオーガニックな形は、形そのものに特別な意味合いが込められていると思われてしまいます。逆三角形なども、不安定なイメージを与えるので図解ではあまり使われません。

■ 図2.11—「囲み」の基本図形が持つ形ごとの性格 ■

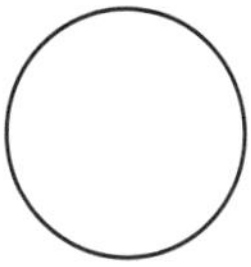

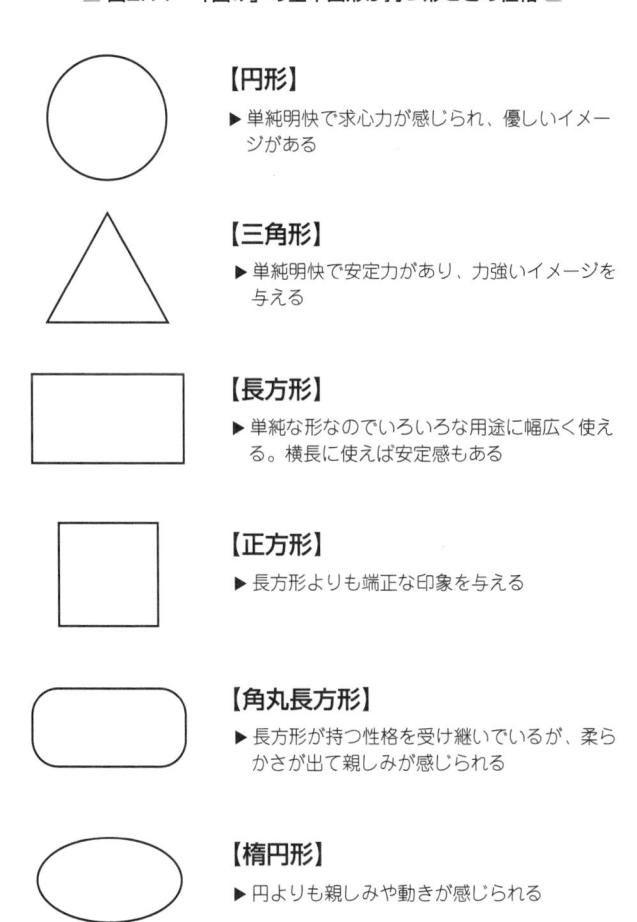

【円形】

▶ 単純明快で求心力が感じられ、優しいイメージがある

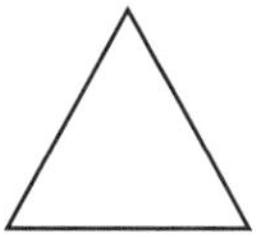

【三角形】

▶ 単純明快で安定力があり、力強いイメージを与える

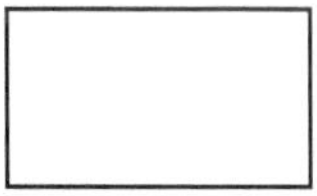

【長方形】

▶ 単純な形なのでいろいろな用途に幅広く使える。横長に使えば安定感もある

【正方形】

▶ 長方形よりも端正な印象を与える

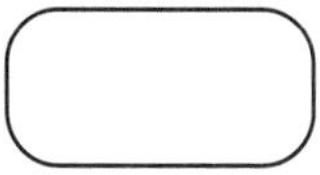

【角丸長方形】

▶ 長方形が持つ性格を受け継いでいるが、柔らかさが出て親しみが感じられる

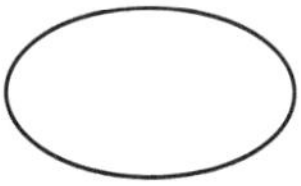

【楕円形】

▶ 円よりも親しみや動きが感じられる

7 囲み図形を複数集めて使うパターン

囲み図形は、すでに並べ方がある程度決まっている図解パターンに当てはめると、いろいろな使い方ができます。

こうしたパターンの代表的なものとしては、まず下の図2.12のように、**同じ形の複数の囲み図形を寄せ集めるパターン**が挙げられます。

図2.12—囲み図形の複数寄せ集めパターンの例

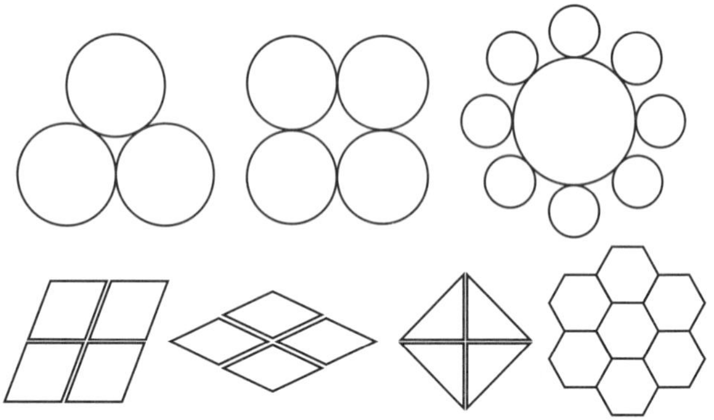

このパターンを使うと、いくつかの事柄が集まって全体を構成している状態をうまく表現できます。

さらに応用として、一部の囲みの大きさを変えることによって、それぞれの要素ごとの重要性や占有率などの大小を表すこともできます。ほかにも、工夫次第でさまざまな使い方ができるでしょう。

下の図2.13に、実際にこのパターンを使っている図解の例を示しました。

■ 図2.13―囲み図形の複数寄せ集めパターンの使用例 ■

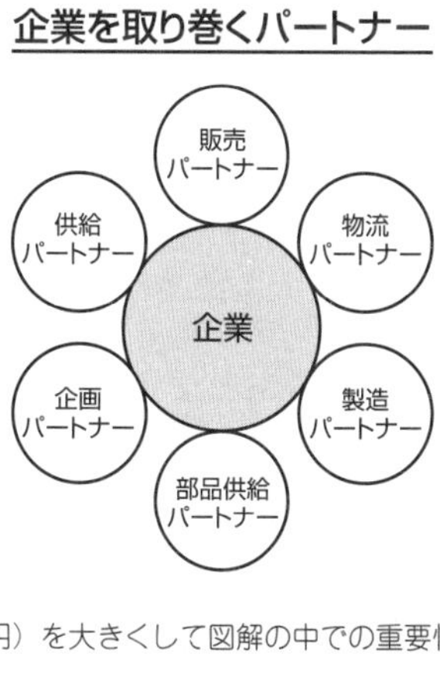

▶中心の囲み（円）を大きくして図解の中での重要性を強調している

8 囲み図形を分割するパターン

囲み図形を利用した図解パターンでは、**図形を分割するパターン**も定番としてよく使われます。下の図2.14のような分割の仕方が、代表的な例です。

この図解パターンは、前項の複数の図形を寄せ集めるパターンと同じく、いくつかの事柄が全体を構成している様

■ 図2.14―囲み図形の分割パターンの例 ■

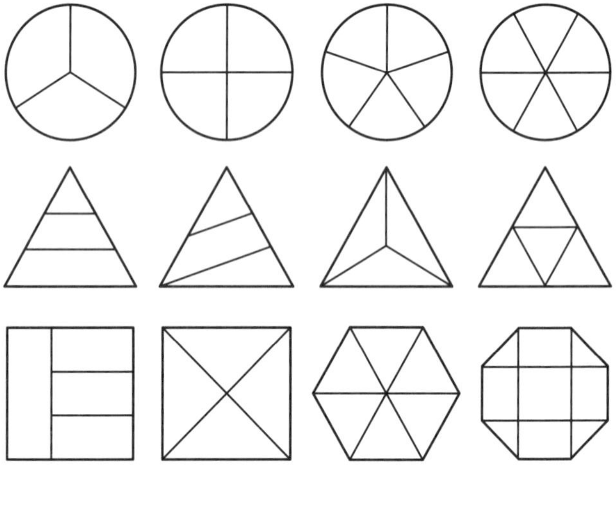

子をうまく表現できます（図2.15）。

中でも、三角形を横に分割した図は「**ピラミッド図**」と呼ばれ、特によく使われます（→129ページ）。また、円形を中心点から量に応じて分割した場合には、おなじみの「**円グラフ**」となり、分割された部分の大小によって、全体の中で各要素が占める割合を示すことができます。

図解の内容や用途に応じて、これ以外にも自由に分割することが可能です。

図2.15―基本図形の分割パターンの使用例

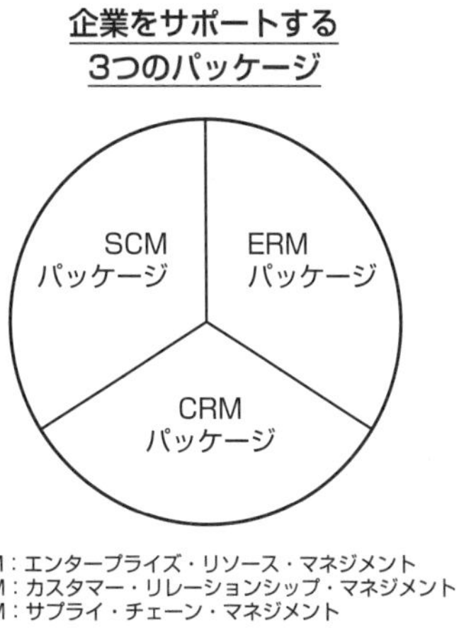

▶この例は割合を表す円グラフではなく、全体の構成を表現している

9 囲み図形を重ね合わせるパターン

包含関係や重複を表現するときによく使われる図解パターンとして、**囲み図形を重ね合わせるパターン**があります

■ 図2.16―囲み図形の重ね合わせパターンの例 ■

（図2.16）。

例えば、下の図2.17の例は、3つの円を重ね合わせたパターンを使ったものです。従来の取り組みは現在の取り組みの中に包含されており、さらに現在の取り組みは今後の取り組みの中に包含されていくという包含関係をうまく表現しています。

このパターンは、包含関係や重複に限らず、工夫次第でさまざまな意味を表現することのできる使い勝手のよい図解パターンです。

図2.17―重ね合わせパターンの使用例

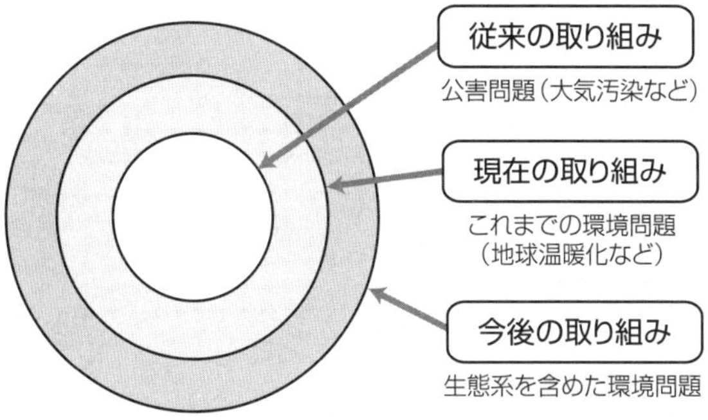

▶グラデーションを使うことで、視覚的により理解しやすくなる

　また、囲み図形の重ね合わせのパターンには、下の図2.18のように**位置関係を自由にしたもの**もあります。これらは、領域や範囲、位置づけ、グループ分けなどを示したいときに使います。

　右の図2.19は、このパターンを使った図解の例です。この例では、NATO・EU・ユーロ圏のそれぞれの構成国と、その構成国間の相互関係を表現しています。

　もし、この内容を文章だけで表現しようとしたら、書くのも大変ですが、読み手も1、2回読んだくらいでは、とて

図2.18―囲み図形の自由な重ね合わせパターンの例

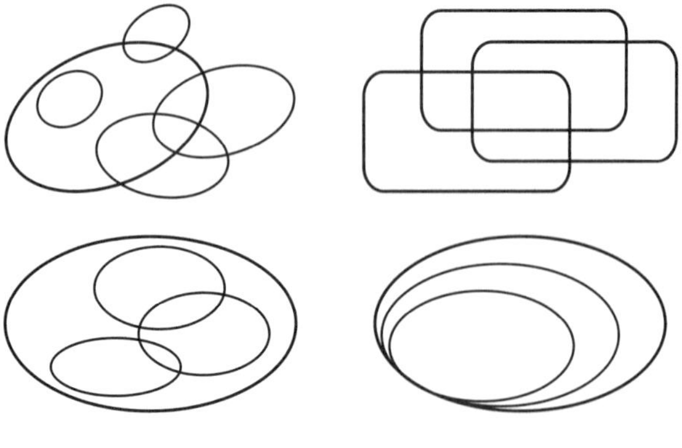

も頭に入らないでしょう。でも、図解ならひと目で理解できます。複雑な内容を瞬時に伝えられる図解のメリットを、有効に活用した例だと言えます。

■ 図2.19—領域を示した図解の例 ■

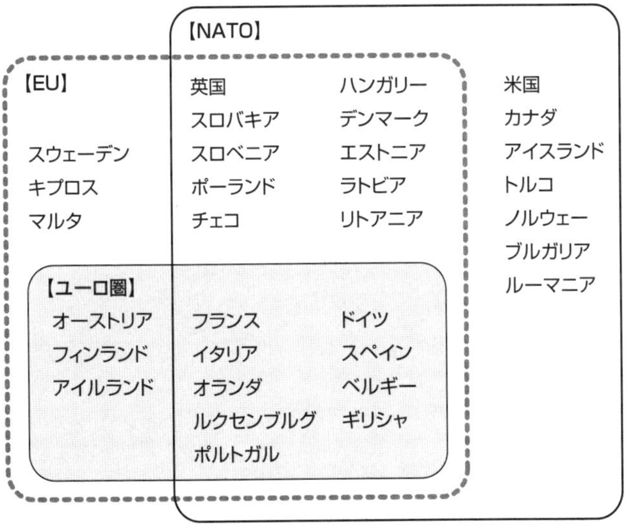

▶ グループごとに、囲み図形の線の種類や塗り色を変える手法も併用している

10 仕切りと重ね合わせを組み合わせるパターン

下の図2.20は、**囲み図形の分割と重ね合わせを複合させた図解パターン**です。使い方は分割のパターン（→68ページ）とほとんど同じですが、中心にキーワードを表示したいときなどに使います。

右の図2.21は、このパターンを利用してインターネット

■ 図2.20―仕切りと重ね合わせの複合パターンの例 ■

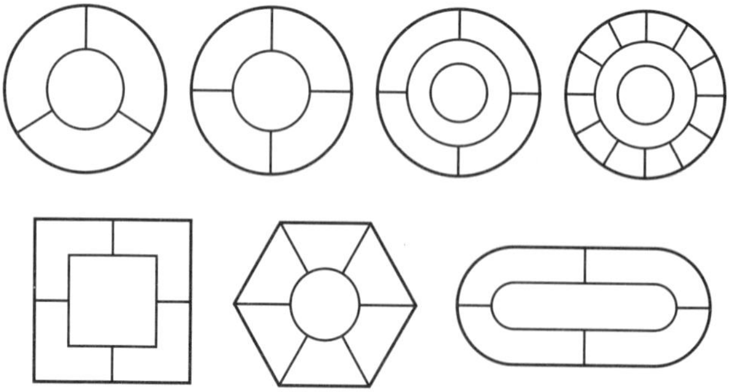

時代の取引を表現した図解と、同じ内容を単純な分割のパターンを使って表現した図解の比較です。右側の単なる分割のものに比べると、左側の重ね合わせを組み合わせたものの方が、各要素で構成される全体が何であるのかを、より強調した図解になっていることがわかります。

図解を使う用途や目的に合わせて、使い分けるとよいでしょう。

■ 図2.21—複合パターンと単純な分割パターンの比較 ■

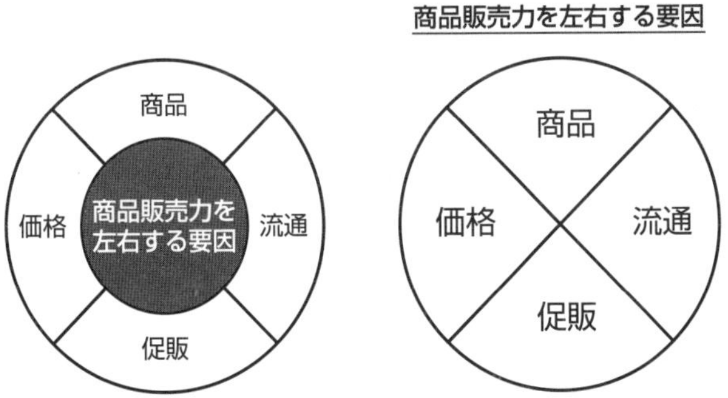

▶ 複合パターンの方がコンパクトに表現できるメリットもある

11 「つなぎ」の最も単純なパターン

「つなぎ」の最も単純な図解パターンは、**囲み図形を直線（ときには円弧）でつなぐもの**です。下の図2.22のように、さまざまなパターンが使われます。

■ 図2.22—直線でつなぐパターンの例 ■

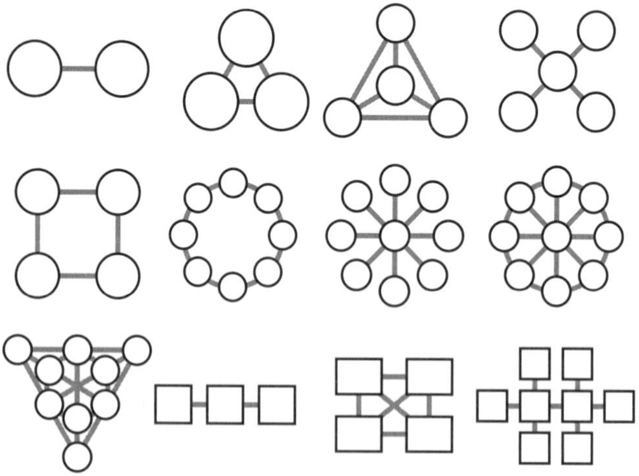

　これらの基本的なパターンは、さまざまな意味を表現するのに使われますが、直線でつなぐ場合、つながれた囲み図形同士に何らかの関係があることを意味します。

　下の図2.23は、このパターンを使って図解した似たような2つの図解です。左側の図解では、外側の6つの要素は中心の要素とのみ関係があり、お互いには関係がない状態です。それに対して右側の図解では、外側の要素6つも、お互いに関係し合っている様子を表現しています。

■ 図2.23―直線でつなぐパターンの比較 ■

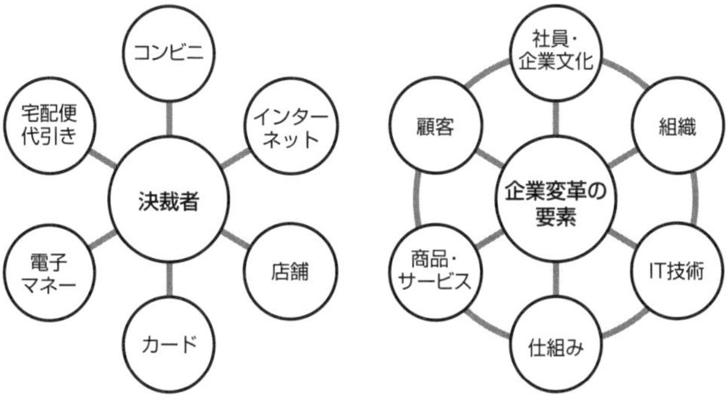

▶ 右側の例では、外側の6つを直線でつないで六角形にするより、このように円弧を使ってつないだ方が自然な感じの図解になる

12 分岐を示す「つなぎ」のパターン

直線でつなぐ図解パターンとしては、ほかに下の図2.24のような**分岐を示す「つなぎ」のパターン**が挙げられます。

このパターンを使うと、上下関係のある組織構造をわかりやすく示せるので、右の図2.25のように、会社の組織図に非常によく使われます。

また、このパターンは、次々と分岐を繰り返す**デシジョンツリー**に応用することもできます。

図2.24―分岐を示す「つなぎ」のパターンの例

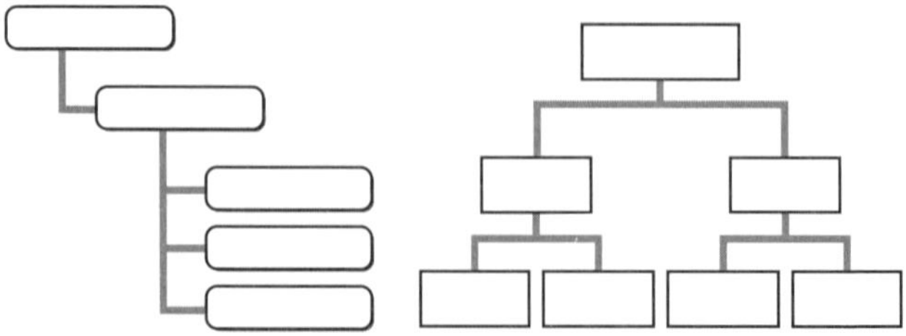

デシジョンツリーとは、状況をYESかNOの2項でどんどん細分化していって、最適な結論へと導くためのツールです。下の図2.26にデシジョンツリーのパターンを示しておきます。

図2.25—分岐を示す「つなぎ」のパターンの使用例

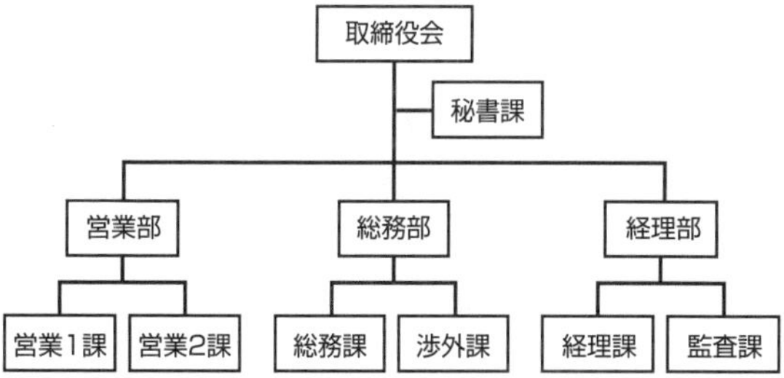

▶ 会社の組織図でおなじみのパターン

図2.26—デシジョンツリーのパターンの例

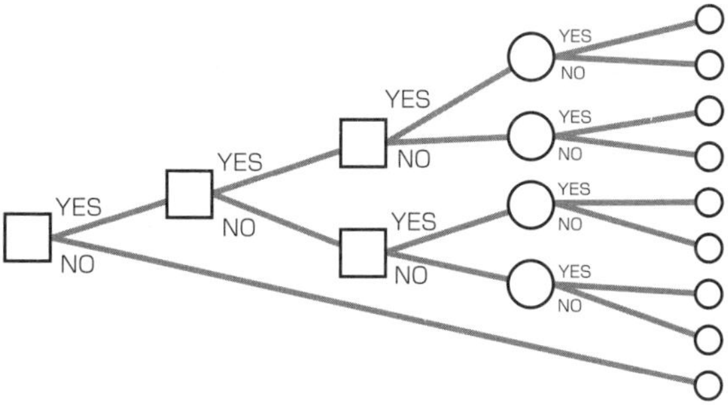

13 「つなぎ」の線種ごとの性格

囲み図形の形ごとに異なった性格があったように、**「つなぎ」の線にも線種ごとの性格があります**。

右の図2.27が主なものを説明したものですが、線の種類も見る人の印象に影響を与えることがわかります。

なるべくこれらの性格を考慮しながら図解を作ると、さらにわかりやすい図解にすることができます。

例えば、同じ内容の図解でも、新発売商品のプレゼンテーションに使うのなら直線の実線でつながなければならないところを、子どもの誕生日会のお知らせに使うなら、すべてをフリーハンドの線で描いた方がグッと親しみを感じさせることができます。

囲み図形の性格と同じく、あまり厳密に考える必要はありませんが、一般的な使い方を逸脱しすぎないよう注意して使い分けましょう。

■ 図2.27―線の種類ごとの性格 ■

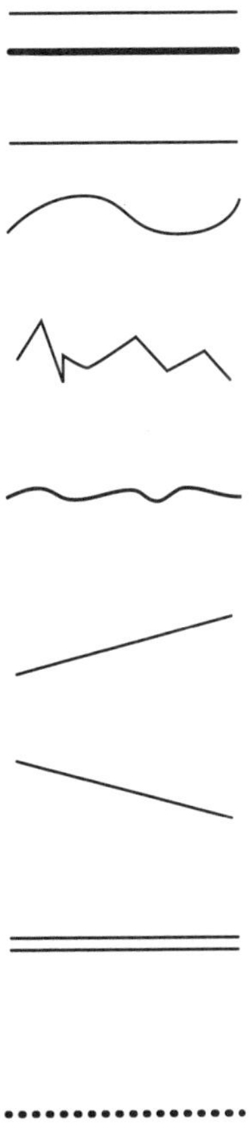

【細い線と太い線】

▶ 細い線は繊細、太い線は力強いイメージを持つ

【直線と曲線】

▶ 直線は剛直、曲線は柔軟で優雅なイメージを持つ

【ジグザグ線】

▶ 不安やイライラ感を示す線

【フリーハンドの線】

▶ 親しみやすいイメージを持つ

【右肩上がりの線】

▶ 上昇を感じさせる線

【右肩下がりの線】

▶ 下降を感じさせる線

【二重線】

▶ 強い結びつき、特別なつながりを感じさせる線

【点線】

▶ 予測・予定・予備・不確実などを示す線

14 さまざまな解釈ができる矢印の「つなぎ」

矢印も、「つなぎ」によく使われます。

矢印は、線よりも表情が豊かで、時間の流れや物の流れ、情報の流れはもちろん、ほかにも実にさまざまな意味を表現することができる「つなぎ」の基本図形です。

例えば、下の図2.28は、2つの囲み図形ＡとＢを、矢印の「つなぎ」で関連づけた単純な図解です。この図解で使っている矢印は、どんな意味を表現しているでしょうか？

思いつくままに列挙していくだけで、ざっと次のような解釈が可能です。

■ 図2.28—矢印の「つなぎ」の使用例 ■

・Aは、Bに関心を向ける。

・AからBが発想できる。

・AからBに移行する。

・Aの次にBが発生する。

・Aの作業を終えたらBの作業を行う。

・Aが原因でBになった。

・AをBに適用する。

・AがBに変わる。

・Aによって、Bの結論になる。

・AがBに関与する。

・Aは、Bに影響を与える。

・Aの次に、Bを行う。

・Bは、Aに連鎖する。

単純な矢印の「つなぎ」が、多くの意味を表現できることが改めてわかります。これ以外にも、いろいろな解釈ができるでしょう。

線による「つなぎ」だけでなく、矢印による「つなぎ」も使いこなすことによって、基本ルールを当てはめられる図解パターンの数は一気に広がります。

15 矢印の表現ごとの性格を把握する

矢印の「つなぎ」を使った図解パターンを見ていく前に、矢印の表現ごとの性格を把握しておきましょう。

矢印も、囲み図形やつなぎの線種と同じく、表現したい意味合いによってある程度決まった種類の矢印を用います。

右の図2.29は、そうした矢印の表現ごとの性格を示したものです。代表的なものだけを示していますが、さまざまな表現が可能なことがわかります。

囲み図形やつなぎの線種と同じく、矢印も、これらの一般的な使い方から大きく逸脱しないように注意して使いましょう。

図2.29—矢印の表現ごとの性格

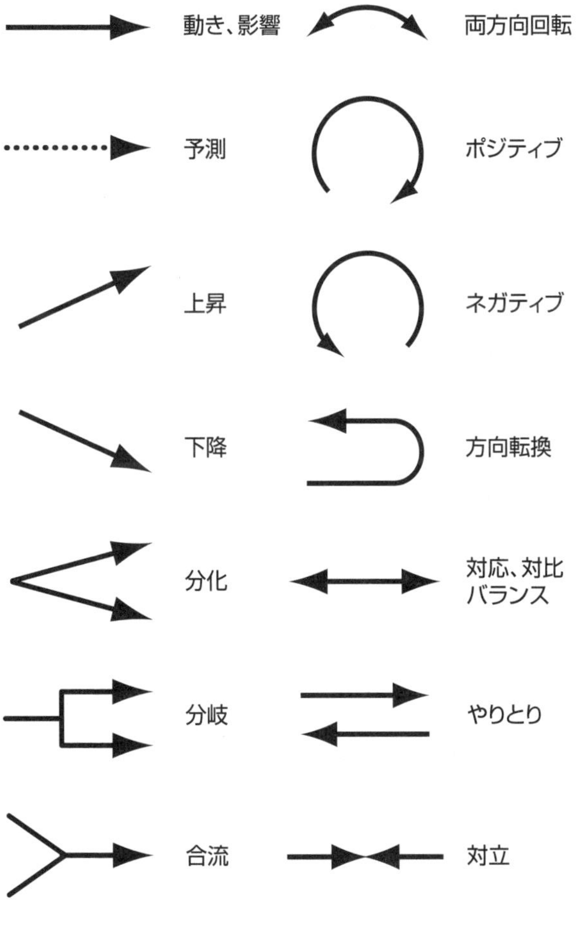

16 矢印による「つなぎ」の最も基本的なパターン

矢印でつなぐ場合の最も基本的なパターンは、下の図2.30のように**1つの方向に向かうもの**です。通常は物事の推移を表し、矢印の向いている方向に読み手の視点を順番に誘導する効果があります。

■ 図2.30—1つの方向に向かう矢印のパターンの例 ■

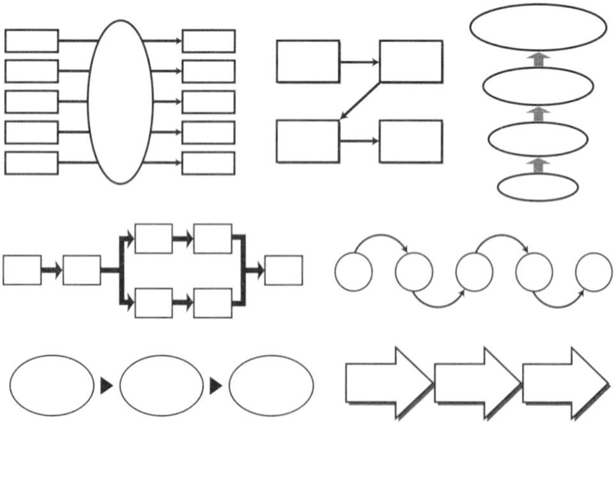

17 収束を表す矢印の「つなぎ」パターン

矢印を使ったパターンとしてよく使われるものの1つに、**複数の要素から1つの要素に収束する状態を表すパターン**があります（図2.31）。中心に収束させたり、右方向、あるいは下方に収束させるなど、収束させる方向は比較的自由に設定できます。

■ 図2.31—収束を表す矢印のパターンの例 ■

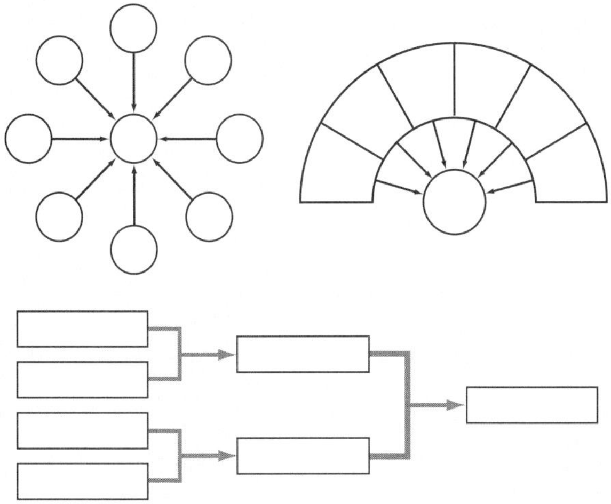

18 拡散を表す矢印の「つなぎ」パターン

収束を表すパターンの矢印を逆方向にすると、**中心にある要素から周囲の要素への拡散、あるいは1つの要素から複数の要素への拡散を表すパターン**になります（図2.32）。

■ 図2.32—拡散を表す矢印のパターンの例 ■

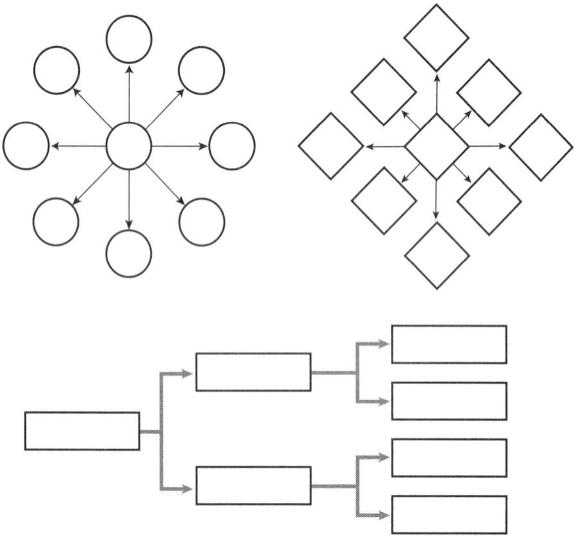

下の図2.33は、このパターンを使って実際に図解した例です。

中心に配置された「各種データ」をもとに、会社の各部署でさまざまな形の利用が行われていく様子をうまく表現できています。

■ 図2.33—拡散を表す矢印のパターンの使用例 ■

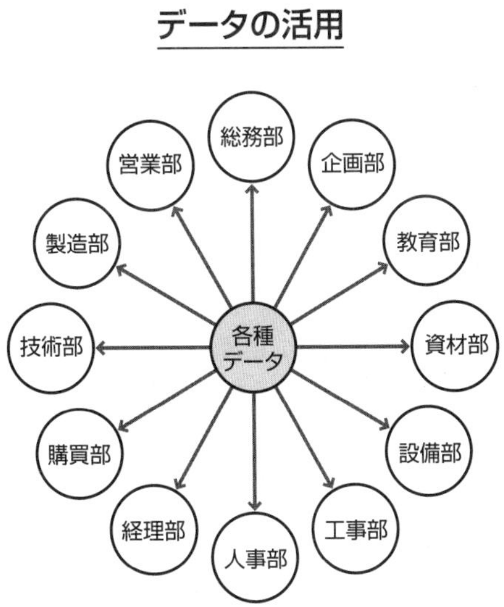

▶左の基本パターンをもとに、拡散対象の数を増やしている

19 対立や双方向性を表す両端矢印

85ページでも紹介している**両端矢印**（直線または曲線の両端が矢印になっているもの）を「つなぎ」に使うと、**対立・対比や双方向コミュニケーションを表す図解パターン**となります（図2.34）。

右の図2.35の上側は対比の表現に、下側は双方向コミュニケーションの表現にこのパターンを使った例です。

図2.34—両端矢印を使ったパターンの例

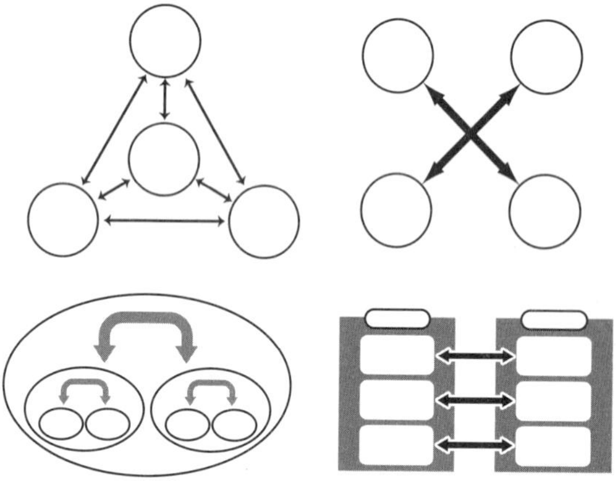

■ 図2.35―両端矢印のパターンの使用例 ■

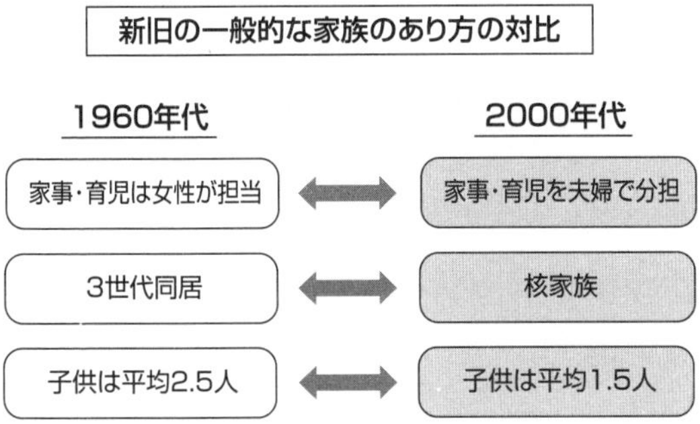

▶ 新旧の一般的な家族のあり方の「対比」を表現している

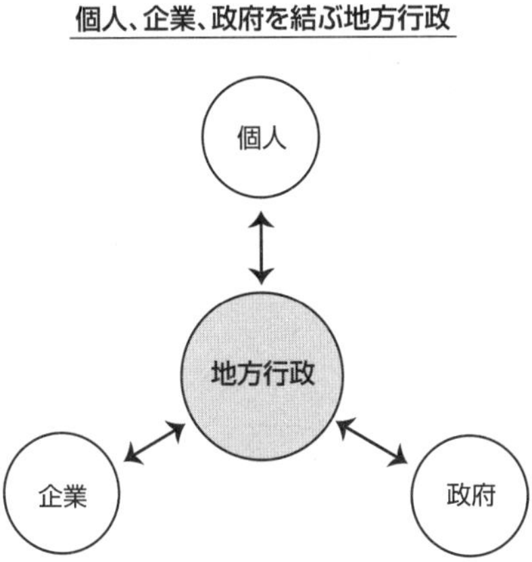

▶ 地方行政と個人・企業・政府の間の「双方向コミュニケーション」を表現した例

20 相互作用を表す双方向矢印

　両端矢印に似たものに、**双方向矢印**があります。両端矢印は１本の線の両端が矢印になっていたものでしたが、双方向矢印は方向が異なる2本の矢印を対にして使います。

　この双方向矢印を使い、**相互作用や相互のやり取りを表す図解パターン**があります（図2.36）。

　右の図2.37は、このパターンを使って図解した例です。上側は2つの要素の間、下側は3つの要素の間で行われる双方向のやりとりを表現しています。このような内容の表現には、両端矢印よりも双方向矢印の方が合います。

■ 図2.36─双方向矢印を使ったパターンの例 ■

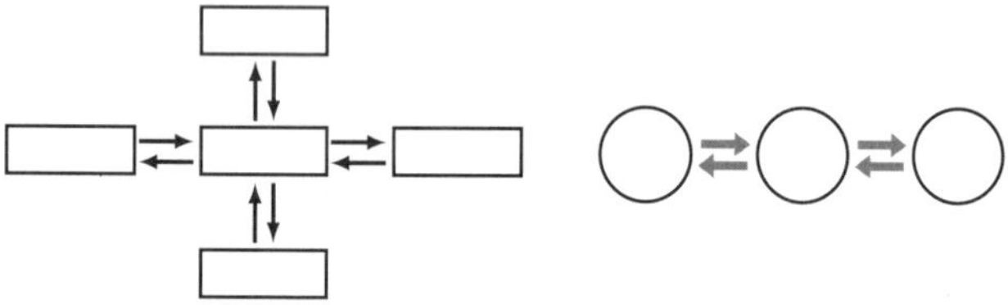

■ 図2.37—双方向矢印を使ったパターンの使用例 ■

ネット動画放送の概念

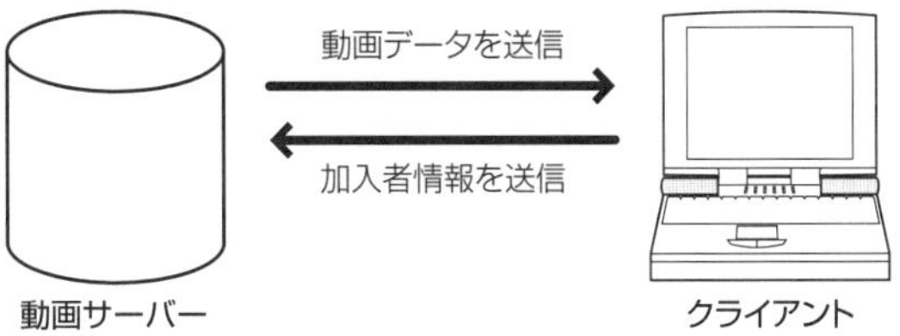

▶ サーバーとクライアントの間で相互にやり取りが行われている様子を表現している

債権管理・回収の業務の流れ

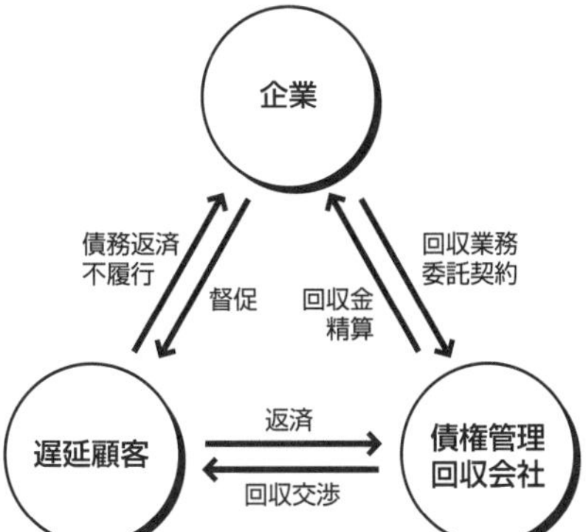

▶ 3者間の相互のやり取りを表現するため、三角形の並べ方を使用している

21 循環を表す矢印の「つなぎ」パターン

矢印を一定方向にそろえて円環状に配置すると、**同じプロセスを繰り返す循環を表現できる「つなぎ」のパターン**

■ 図2.38—循環のパターンの例 ■

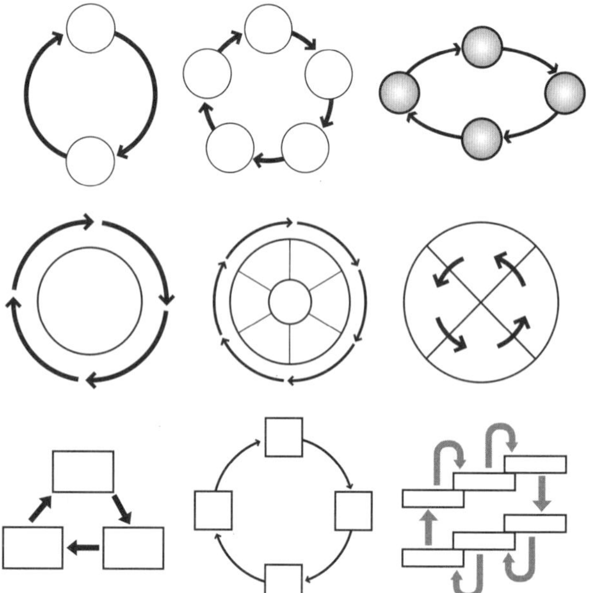

になります（図2.38）。

この場合、矢印は直線ではなく円弧を使うようにします。循環しているというイメージを強めることができますし、見た目にもスッキリとした印象になるからです。

下の図2.39は、このパターンを使ってPDCAと呼ばれる仕事の進め方のセオリーを表現した例ですが、終わり無く回転し続ける様子をうまく表現できています。

■ 図2.39―循環のパターンの使用例 ■

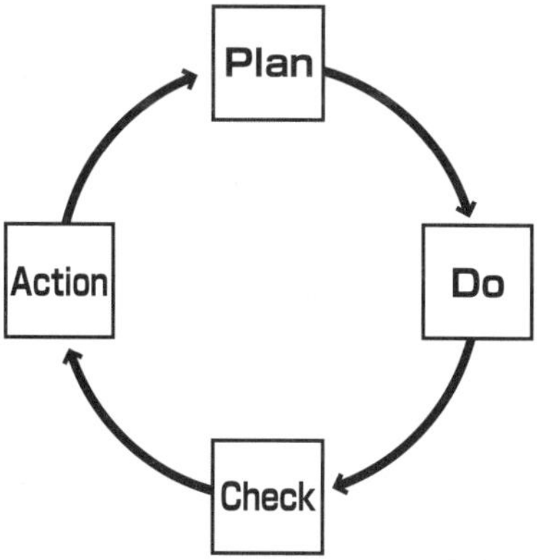

▶Plan が「計画」、Do が「実行」、Check が「確認」、Action が「改善」を意味しており、その4つのステップを繰り返して仕事を進める様子を表現している

22 対立や衝突を表す矢印の「つなぎ」パターン

下の図2.40は、**対立や衝突を表すことのできる「つなぎ」のパターン**です。矢印同士を突き合わせるようにつなぐのがポイントです。

対立や衝突を表すために、視覚的に強いバクダンなどの囲み図形を使うと、より効果的に内容が伝わります。

■ 図2.40―対立や衝突を表現するパターンの例 ■

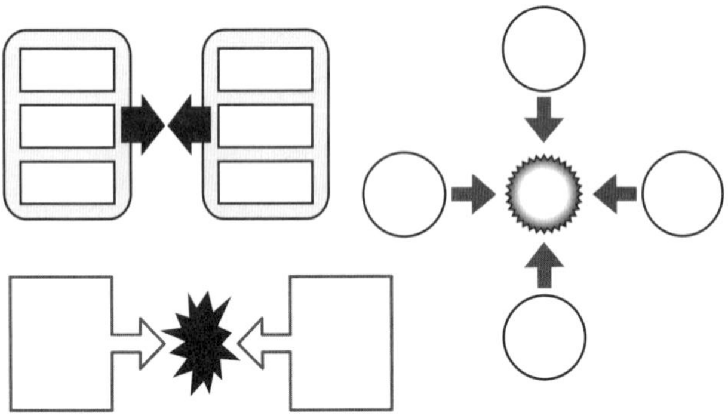

23 「配置」の基本パターン

各要素を1本の軸に沿って並べるパターンや、**直交する2つの軸によって作られる二次平面上に囲み図形を並べるパターン**が、「配置」の最も基本的な図解パターンです。

■ 図2.41―配置の基本パターンの例 ■

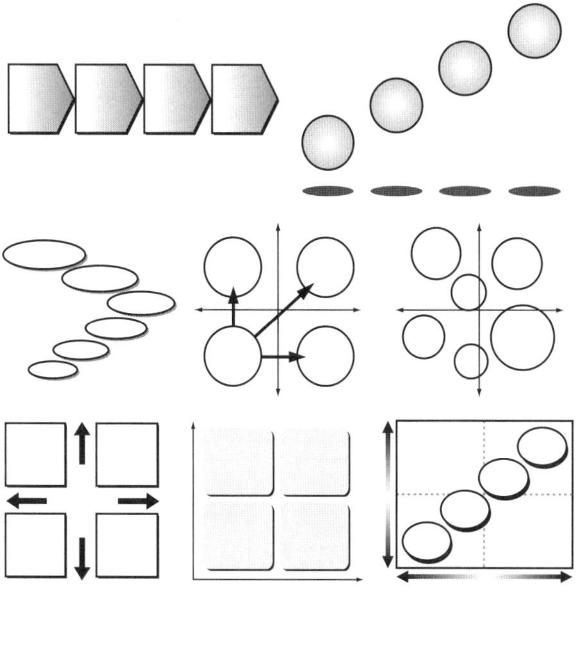

これら「配置」の基本的な図解パターンは、時間の流れや要素間の関係や分布、位置づけや上下関係など、さまざま意味を表現することができます。

明確な軸が存在しない場合でも、並べることが重要な意味を持っているときには、「配置」の図解パターンと考えられます。この場合は、複数の囲み図形をいろいろな位置に配置することによって、さまざまな意味を持たせます。

「配置」は、「囲み」や「つなぎ」とは少し性質が違い、「囲み」か「つなぎ」のどちらか、もしくは両方と組み合わせなければ表現することができません。

そのため、「配置」の図解パターンはどちらかというと発展的な内容のものが多く、本章では詳しくは紹介せずに、第3章で多くの例を挙げて解説していきます。

逆に言えば、ここまでに紹介してきた「囲み」と「つなぎ」の多くの図解パターンも、ほとんどが「配置」の要素を含んでいたとも言えるのです。

❑ *Lets Try!*

演習問題 4　囲み図形を複数寄せ集める図解パターン（→66ページ）を使って、以下の例文を図解しなさい。

デジタル化された文字や音声、動画は、コンピュータ上ではすべて電子データの１つとして扱われます。なので、ワープロ機能、TV機能、電話機能、書籍機能、FAX機能、製図機能、時計機能、計算機能などさまざまな機能が１台のPCで実現できるのです。

【解説】

下の図2.42が、囲み図形を複数寄せ集める図解パターンを使って例文を図解した例です。ほかにも表現方法は考えられますが、このパターンを使ってまとめるとおおよそこのようになります。細かい部分は異なっていてもかまいません。

例文の「デジタル化された文字や音声、動画は、コンピュータ上ではすべて電子データの１つとして扱われます」の部分はこの解答例には含まれていませんが、細かい点は省いて考えても問題ありません。この箇所も伝えたいのであれば、図解に文を追加してもよいでしょうし、プレゼンテーションの場であれば、口頭で説明を加えることもできます。

■ 図2.42―解答例 ■

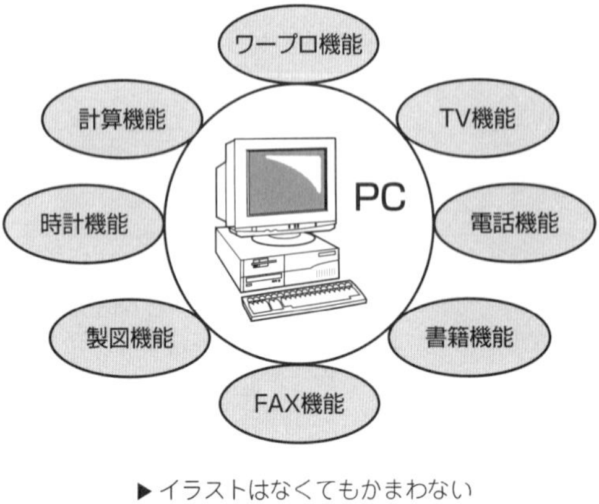

▶ イラストはなくてもかまわない

演習問題 5

囲み図形を分割する図解パターン（→68ページ）を使って、以下の例文を図解しなさい。

企業には、4つのリソース「人」「物」「金」「情報」がある。

【解説】

囲み図形を分割する図解パターンを使うと、下の図2.43のような図解になります。分割ではなく、4つの円を接したり重ねたりして表現することもできますが、ここでは指示に従って円を4分割した表現にしています。

■ 図2.43—解答例 ■

▶囲み図形を分割するパターンでは、円形が最も使用頻度が高い

演習問題 6	囲み図形を直線でつなぐ図解パターン（→76ページ）を使って、以下の例文を図解しなさい。

ネット社会では、PC、デジタルテレビ、携帯電話、電子手帳、ゲーム機、情報家電などさまざまなデジタル機器が相互につながっている。

【解説】

例文を読むと、「ネット社会」が一番重要なキーワードになっており、その周辺にさまざまな機器が接続されている様子がわかります。そこで、「ネット社会」を中心に配置し、そこから放射状にその他の要素をつないでいくパターンを使います。下の図2.44が解答例となります。

■ 図2.44—解答例 ■

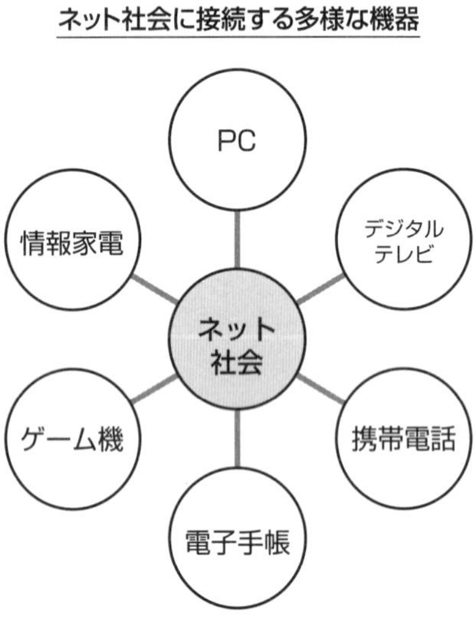

▶ ネットワークで相互につながっている状態を、直線による「つなぎ」で表現している

演習問題 7　収束を表す矢印の図解パターン（→87ページ）を使って、以下の例文を図解しなさい。

文書データ、知識データ、映像データ、写真データ、録音データ、図面データ、計算データ、メールデータなどさまざまなデータが融合して、データの蓄積がなされ、それらのデータの検索・抽出・加工・出力が行われている。

【解説】

さまざまな種類のデータが、1つにまとめられて蓄積され、利用される様子を表現します。収束のパターンは、このように多くの要素が1つの要素に集まっていく状態を表現するのにはピッタリです。

下の図2.45のような形が解答例になります。

■ 図2.45—解答例 ■

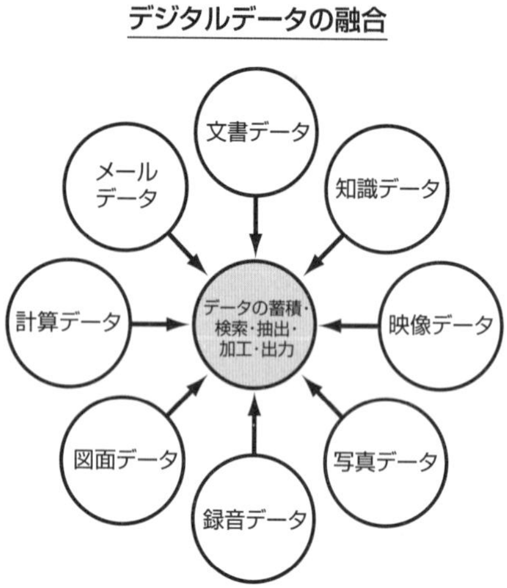

▶中心の円形の中を、さらに「データの蓄積」→「検索・抽出・加工・出力」と2つに分けて表現してもよい

第 3 章

応用パターンをマスターして表現の幅を広げよう!

第3章では、やや応用的な図解パターンを紹介していきます。
応用的な図解パターンとは、ここまでに見てきた基本的な図解パターンを組み合わせたり発展させたりしたもので、用途に応じて一般に使い方が定着しているものです。
応用パターンをマスターしていると、表現の幅が広がり、図解作成の効率も上がります。

1 時間軸に沿って並べるパターン

図解の対象となる事柄や仕組みには、時間の要素が含まれていることが多々あります。そのため、**時間軸を図解に含めて、あるいは図としては表示しないまでも時間軸を意識して、それに沿って並べる図解パターン**が存在します。

このパターンは、時間に沿った流れを整理してわかりやすく表現するには最適なので、必ずマスターしてほしい応用パターンです。

下の図3.1は、ウェブページ制作の工程を実際にこのパターンで図解した例です。各行程を表した囲み図形が、左

■ 図3.1―時間軸に沿って並べるパターンの使用例 ■

ウェブページの制作工程

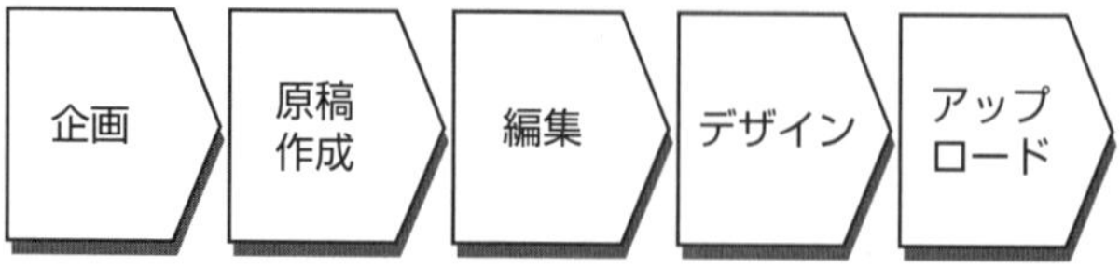

▶ 時間軸を左から右へとって並べた例

から右へ流れる時間軸に沿って並んでいますが、この例では、時間軸そのものは表現しなくてもわかるため省いています。また、囲み図形には方向性を感じさせる図形（→55ページ）を用いています。

このパターンを利用する場合、最も注意しなければならないのは**どの方向に時間軸をとるか**です。

時間軸は、一般には左から右、または上から下の方向にとります。ただ、時間とともに拡大・成長する様子を強調したい場合には、左下から右上の方向、あるいは下から上の方向にとることもあります。

図3.2—時間軸に沿って並べるパターンの使用例

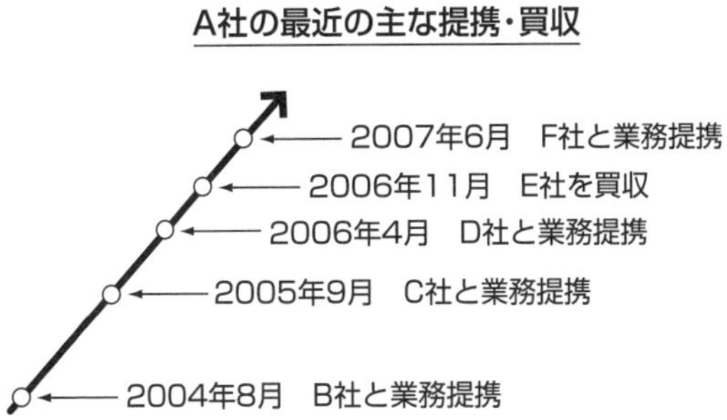

▶時間軸を左下から右上にとって、成長や拡大のイメージを表現した例

例えば、前ページの図3.2の例は、左下から右上に向けて時間軸をとり、その時間軸に沿って提携や買収の内容・時期を示した図解の例です。

このような方向に時間軸をとることで、会社の規模が時間の経過と共にどんどん拡大していく積極的な様子を、うまく伝えています。

時間軸の方向で絶対に避けなければならないのは、右から左の方向です。この方向の時間軸に対しては、私たちの脳が感覚的に時間が流れるという認識を持てないのです。そのために、読み手の頭の中に葛藤が起こってしまい、わかりづらい図解となってしまいます。

時間軸のとり方について整理したものが、右の図3.3になります。上の2つの矢印の方向が無難な時間軸のとり方、真ん中の2つの矢印の方向が積極的な意思を感じさせる時間軸のとり方、下の4つの矢印の方向が避けなければならない時間軸のとり方となります。

ただ、この中で避けなければならない時間軸のとり方として分類されている、左上から右下へと向かうとり方は、場合によっては使用されることがあります。時間の経過と共に停滞したり、減速したり、低下するなどといった、マイナスの要素を表現したい場合です。

例えば、次ページの図3.4と113ページの図3.5は、価格という変数に沿ってどのようにオークション価格が変化

図3.3—時間軸のとり方のまとめ

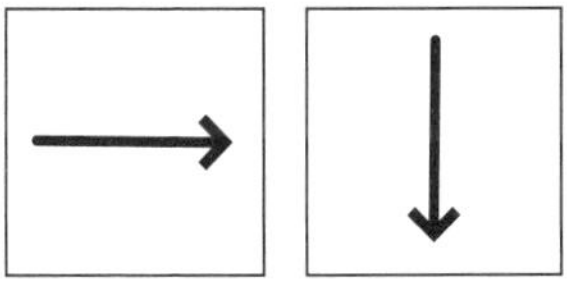

▶ 一般的な時間軸の方向

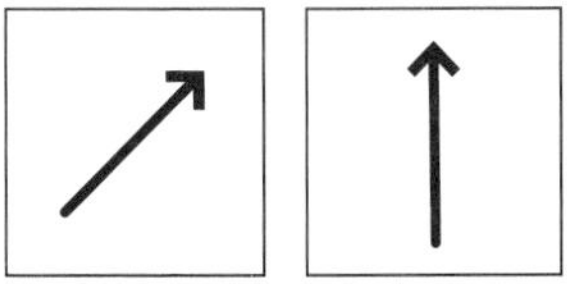

▶ 積極性を感じさせる時間軸の方向

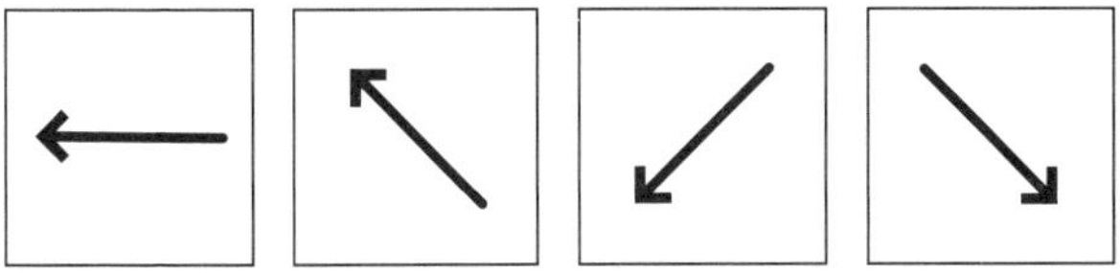

▶ 避けなければならない時間軸の方向

し、落札が行われるのかを図解した例です。

図3.4の例では、時間軸は上から下への一般的な方向にとり、特に説明しなくても理解されるので図としては省略しています。

これに対し、右の図3.5の例では、時間軸の方向を左上から右下へと変えて、オークションによって価格が段階的

■ 図3.4—時間軸に沿って並べるパターンの使用例 ■

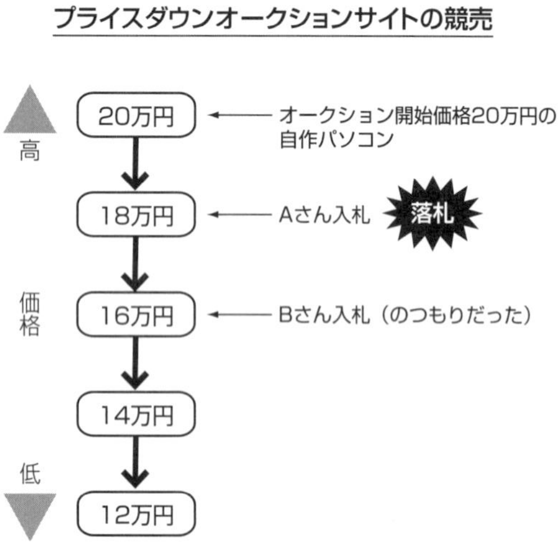

▶時間軸は上から下にとり、図としては表示していない

に低下していく様子をうまく表現しています。

時間軸の方向としては一般的ではないので、図としても時間軸を表示して、時間の流れの方向がわかるようにしていますが、落札の状況をよりわかりやすく、よりダイナミ

■ 図3.5―時間軸に沿って並べるパターンの使用例 ■

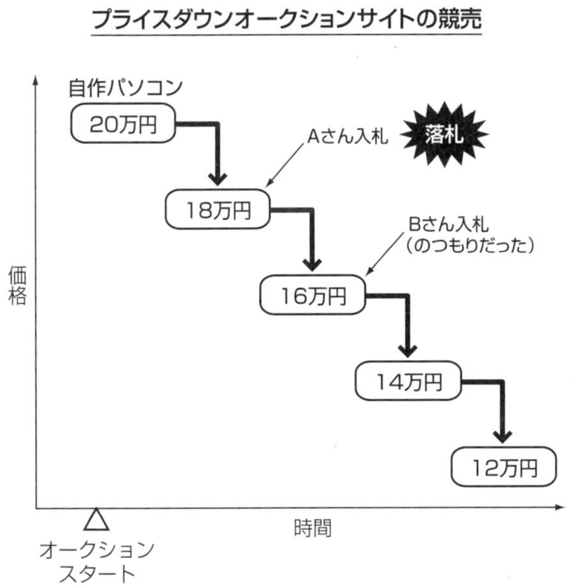

▶ 時間軸を左上から右下へとって、時間の経過と共に価格が低下していくマイナスの要素を表現している

ックに見せることができています。

同じ内容を、時間軸に沿って並べる同じパターンを使って図解しているのですが、時間軸の方向のとり方を変え、少し表現の仕方を変えてやるだけで、全体の印象をがらりと変えることができるという好例です。

用途に応じ、最適な時間軸の方向を選択して、この応用パターンを使いこなしてほしいと思います。

2 矢印を使い分けるパターン

矢印の形は自由に変化させることができるので、図解したい内容によっては**矢印を使い分ける図解パターン**を使うことで、わかりやすい図解にすることができます。

■ 図3.6―矢印を使い分けるパターンの使用例 ■

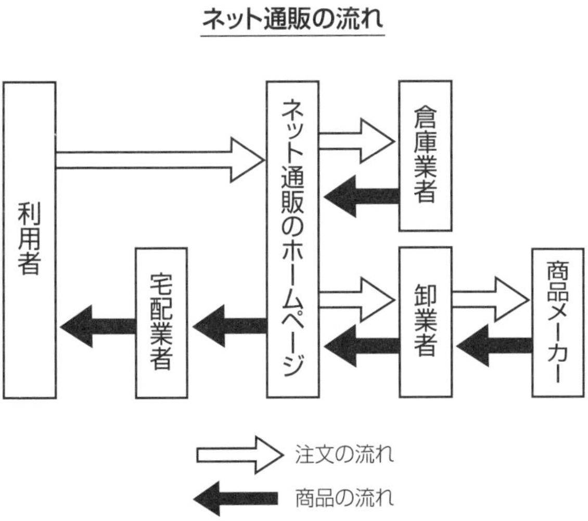

▶ 性格が異なる2つの「つなぎ」を、矢印の表現を変えて示している

例えば、前ページの図3.6は、「注文の流れ」と「商品の流れ」という性格が異なる2つの流れを、このパターンを使用して図解した例です。

矢印の色を白と黒の2色に分けてハッキリと違いがわかるようにしているため、複雑な内容なのに、見る人はすぐに理解することができます。

もう1つ例を挙げます。

下の図3.7は、会社の買収にかかわる流れを図解した例ですが、流れの中で可能性が低い箇所に対しては矢印を点線にすることで、視覚的にそのことを表現しています。

点線は可能性の低さを暗示するので、特に説明がなくて

■ 図3.7―矢印を使い分けるパターンの使用例 ■

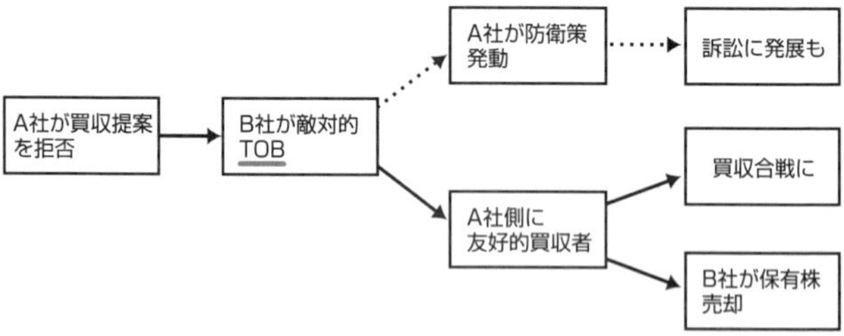

▶ 可能性が低い箇所の矢印を点線で表現している

も直感的にそのことが伝わるのです（→85ージ）。

さらにもう１つ例を見てみましょう。

下の図3.8は、矢印の太さを変える表現で数の大小を印象づけるようにした図解の例です。

この例の場合、たとえ矢印の太さを変えずに同じ太さのままで図解しても、件数が示されているので内容は伝わります。しかし、太さを変えることで、より強く視覚的に内容を実感させることができるのです。

なお、この場合の矢印の太さは感覚的なものなので、正確に表現する必要はありません。ただし、何本も矢印がある場合は、相対的な太さに矛盾が生じないように気を付け

図3.8―矢印を使い分けるパターンの使用例

日米相互の特許取得件数

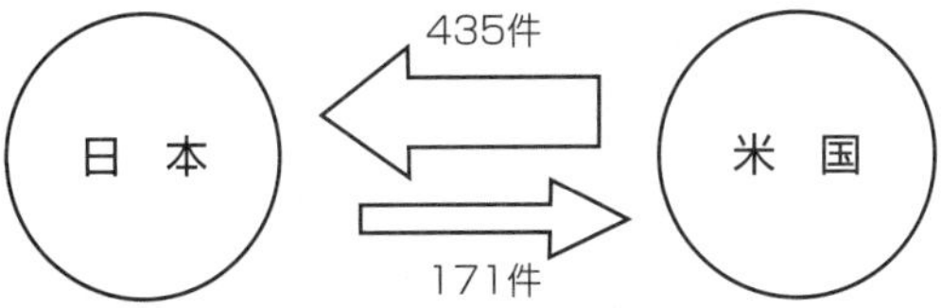

▶量に応じて矢印の太さを変えている例

てください。

　このように、矢印の表現は幅が広いのでさまざまな性格を使い分けられるのですが、このパターンを使う場合には**矢印の形や色の種類を増やしすぎない**ように注意しなければなりません。

　形や色を多くしすぎると、ぱっと見たときにそれぞれの違いが認識しづらくなり、効果が半減するどころか、ときには逆に煩雑な印象を与えてしまう場合があるのです。

　苦労して使い分けたのに、逆効果になってしまっては意味がありません。使い分ける矢印の種類は、2種類か、多くても3種類程度に抑えておいた方がよいでしょう。

　それ以上の矢印を使い分けたい場合には、矢印に文字による説明を加えてしまうのが一番簡単でシンプルです。無理に矢印だけで表現しようとすると、逆にわかりづらくなってしまいます。

　右の図3.9は、文字を加えた矢印を使用している図解の例です。要素間に起こっていることや要素間の複雑な関係を、煩雑にすることなくひと目で伝えています。

　ただ、矢印の意味が明らかなのに文字を追加すると、これも煩雑になるので気を付けましょう。矢印の意味が不明だったり、いろいろな意味にとることができるような場合に、この方法は有効なのです。

この例では、さらに直感的に内容を理解できるよう、囲み図形の中にイラストを添えて表現しています。

■ 図3.9—矢印を使い分けるパターンの使用例 ■

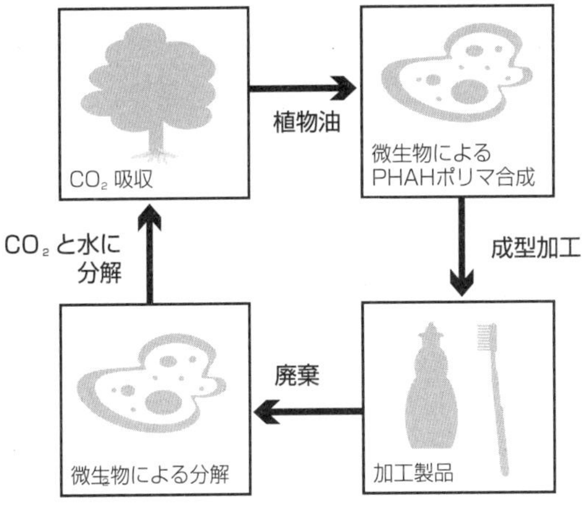

▶ 文字を添えた矢印を使った例、イラストも利用している

3 マトリックス

四角形の囲み図形を、縦軸・横軸でそれぞれ2分割すると、「田の字」型に仕切られた窓のような4つのマス目ができます（専門的には、このマス目を「象限」と呼びます）。

これが、「**マトリックス**」と呼ばれる応用的な図解パターンです。

この縦軸・横軸には、いろいろな指標を当てはめます。そうすることで、各マス目は意味を持ちます。

指標には一般に、「上―下」「大きい―小さい」、「全体―個別」、「変動―固定」、「プラス要因―マイナス要因」など、相反する性格を持つものが使われますが、必ずしも相反するものでなくてもかまいません。

右の図3.10は、右側が大、左側が小になるように横軸に市場成長率をとり、上が大、下が小になるように縦軸に国際競争力をとって、各マス目に今後の有望技術を当てはめて作ったマトリックスの例です。

このマトリックスを使うと、市場成長率・国際競争力のどちらも大なのはICタグや有機ELパネル、市場成長率は大だが国際競争力は小なのはインターネット通販やDNAチップ、市場成長率は小だが国際競争力が大なのはオンラインゲームやロボット、市場成長率・国際競争力が共に小なのはDRAMや宇宙ステーションである、というように、各要素の相対的な位置を視覚的につかむことができます。

■ 図3.10―マトリックスの使用例 ■

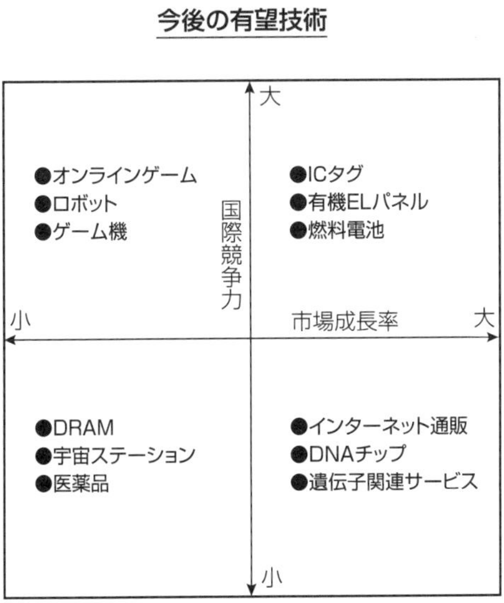

▶ 雑多な物事を分析する際に特に有効な図解ツールとなる

マトリックスは、複雑に絡み合った物事を2つの軸で整理して分類し、状況を分析するのに適した図解なのです。図3.10の場合なら、どの技術に積極的に取り組むべきかとか、競争力が弱い技術にはどんな対応が必要かなどと、置かれた状況を客観的に確認しながら、それぞれの立場で考えることができます。

図3.11—発展的なマトリックスの使用例

組織内構成者のパターン分析

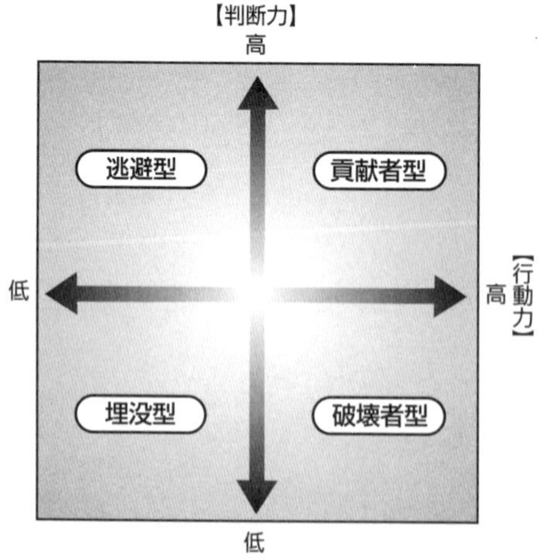

▶行動力と判断力の2つの指標で、組織内構成者を4つのパターンに分類したマトリックス

また、マトリックスは、いろいろと発展的な使い方がある図解パターンでもあります。

代表的なのは、4つのマス目に、それぞれのポジションをひと言で表現した名称を付ける方法です。

左の図3.11がその１例ですが、マス目に言葉を当てはめることでイメージがより明確になり、分類や活用がしやす

図3.12―発展的なマトリックスの使用例

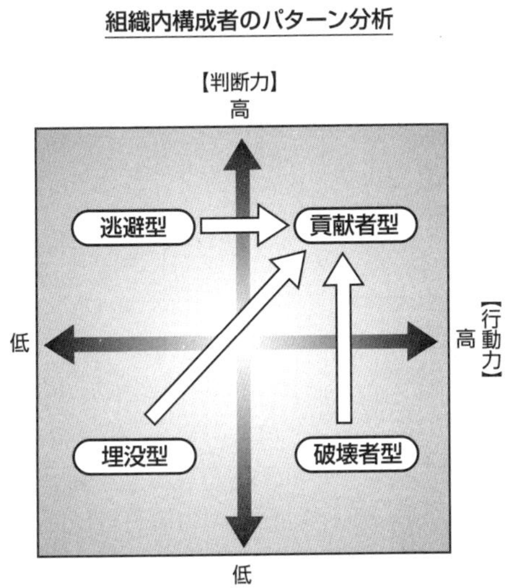

▶4つのパターンの間に方向性を加えたマトリックス

くなっています。

さらに、このマス目に矢印を追加して、各マス目の要素に方向性を加えた例が、前ページの図3.12です。

あるマス目から別のマス目に要素の移動が見られるとき、または移動してほしいときなどには、このように矢印を追

■ **図3.13—発展的なマトリックスの使用例** ■

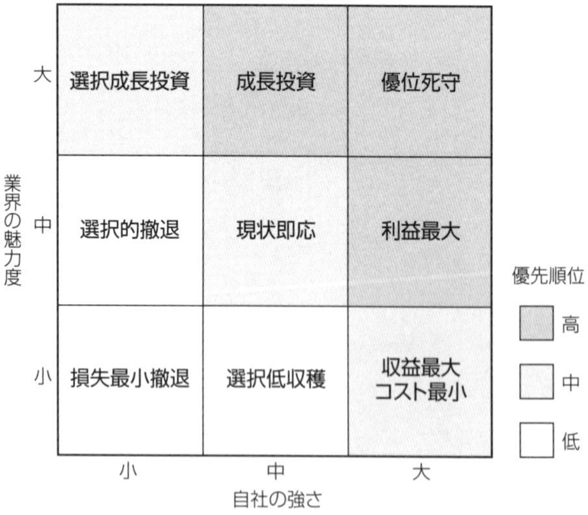

▶3×3の9マスのマトリックスの例。より詳細な分析が可能になる

加することで、マトリックスの活用の幅が広がっていきます。

ほかには、マス目の数を増やす使い方もあります。

左の図3.13は、アメリカのゼネラルエレクトリック社で使われているポートフォリオ管理マトリックスです。

マス目は4つが普通ですが、このように縦軸・横軸を3等分して9つのマス目を作り、より複雑な分類や分析をすることも可能なのです。ただし、マス目を増やす場合は、この例のように3×3の9マス程度が限界でしょう。

マトリックスはビジネスの現場でも頻繁に使われる応用パターンなので、しっかりとマスターすることで、図解表現の幅を広げ、図解の応用力を高めることができます。

4 座標面に配置するパターン

マトリックスとよく似た図解パターンに、**2本の軸に変数（パラメーター）を設定して座標面を作り、そこに複数の囲み図形を「配置」するパターン**があります。

このパターンがマトリックスと違う点は、軸に設定する変数が連続する値であるため、「配置」する囲み図形の位置を微妙に変えられるところです。

ちなみに、このときに座標面に「配置」することを、専門的には「マッピング」と呼びます。

例えば、右の図3.14はこのパターンを使った図解の例ですが、A～Eの5種類のプロジェクトを緊急度と重要度という2つの変数で自由にマッピングし、それぞれのプロジェクトの微妙な違いをうまく表現しています。

なお、この例では、変数の内容を左と下の両端矢印の図形で示していますが、2本の軸に文字を添えるような形で表現してもかまいません。

各要素の一部を重ね合わせて、プロジェクトの重要度や緊急度の程度が重複していることを示すこともできます。

この応用パターンの使い方はマトリックスとほとんど同じで、複数の対象を2種類の変数で整理して、分析や検討を行うときによく使われます。ただ、より自由なマッピングが可能なので、分析対象の位置関係をより詳しく、直感

図3.14─座標面に配置するパターンの使用例

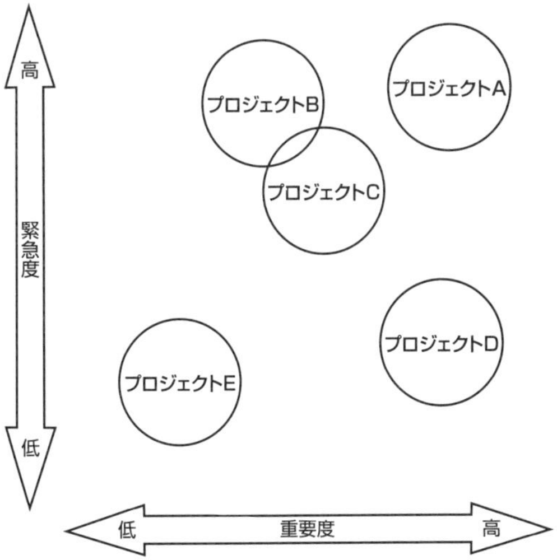

▶ それぞれの要素の位置づけが感覚的に理解できる

的に理解できるのが特長です。

このパターンで図解をする場合には、**関連する指標や要素の中からどの変数を選ぶか**が、作成者の腕の見せどころになります。

テーマにからめて無理のない変数を選ぶようにしますが、2つの変数が似すぎないように気を付けなければなりません。似すぎると、同じ場所に分析対象が固まってわかりにくくなるので、なるべく差が出やすいようにするのがポイントです。

変数のとり方で、位置づけがまるで変わることもめずらしくありません。縦と横をどんな切り口にするかで、この図解の切れ味も変わってくるのです。

軸がうまく設定できると、ごちゃごちゃした内容をスッキリと整理して示すことができます。それにより、思いがけない結果が得られたり、気づかなかった状況が見えてきたりもします。

座標面の空白部を見つけてどうするか考えたり、競合会社との差別化を試みたり、新たな発想を導く思考ツールとして使うこともできるのです。

5 三角形を仕切ってピラミッド図を作るパターン

下の図3.15は、会社組織の構成者をごく単純化し、3階層のピラミッド型の図形で示した図解の例です。

三角形の頂点に近づくほど権限や責任が増し、逆に人数は少なくなっていくことをうまく表現した、内容と図形の形状がマッチしたシンプルでわかりやすい図解になってい

■ 図3.15―ピラミッド図の使用例 ■

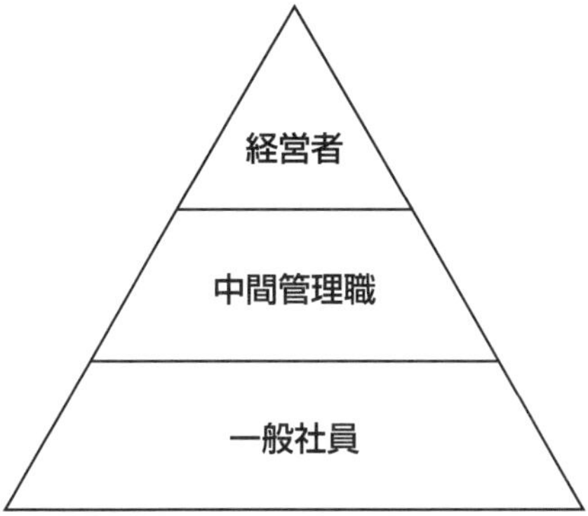

▶ピラミッド状に囲み図形を仕切るパターンは、シンプルで使いやすい

ます。

このように、階層の数や各層の上下関係などの全体像、階層ごとの位置づけなどを示すときには、**三角形の囲み図形を仕切ってピラミッド状にするパターン**を使うのが定番です。一般に、「**ピラミッド図**」と呼ばれるパターンです。

これは非常に使い勝手のよい応用パターンなので、確実に覚えるようにしてください。

ピラミッド図は、図3.15のような組織構成の表現以外にも広く使われていて、人間の意識などの形のないものを図解する際にも有効です。経営理念を経営戦略に落とし込む際の概念図として、ビジネスの現場でもよく利用されています。

例えば、右の図3.16は、アルダファーのERG理論と呼ばれる人間の欲求分析を、このピラミッド図を使って図解した例です。

ピラミッドの底辺は低レベルの欲求で数が多く、上部に行くほど高次な欲求になって数は少なくなる。そうした特徴を、ピラミッド図で表現することで直感的に理解することができます。

また、必要に応じて三角形に補足説明を加えることもできます。図3.16の例では、欲求を肉体的欲求と心理的欲求に分けた補足説明を加えています。

ピラミッド図を使用する際のコツは、理解しやすくするために**階層の数をあまり多くしないこと**です。多くても、せいぜい5階層程度までに抑えましょう。

■ 図3.16―ピラミッド図の使用例 ■

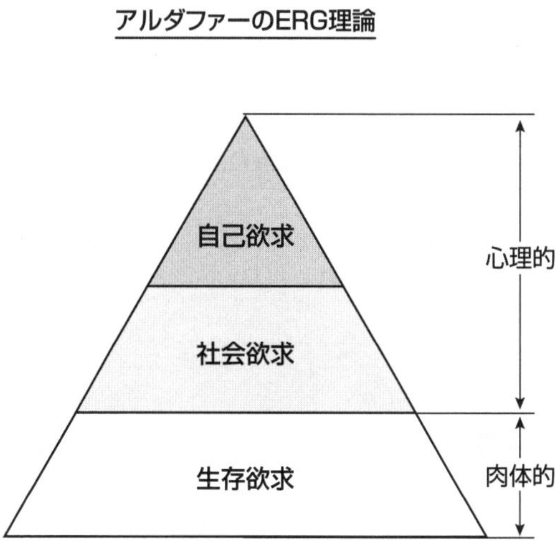

▶ピラミッドだけでは表現できない部分に補足説明を加えているほか、グラデーションで階層の差を強調している

6 囲み図形を重ねてグループを示すパターン

さまざまな形の囲み図形に、別の囲み図形を重ね合わせる基本パターンは、すでに第2章で示しています（→70ページ）。ここでは、**円・楕円・四角形などの囲み図形同士を一部だけ重ね、相互の微妙な関係やグループを表現する応**

■ 図3.17—囲み図形を重ねてグループを示すパターンの使用例 ■

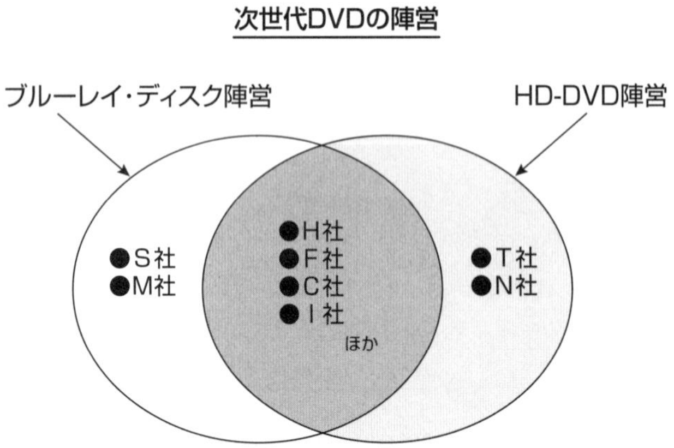

▶ 企業グループや陣営などを説明する際に多用されるパターン

用的な図解パターンを取り上げます。

このパターンでは、一部を重ねた囲み図形の中に、相互の関係を反映するように分類対象の要素を配置します。

実際のビジネスでは、企業グループや陣営の説明を行う場合に、必ずと言ってよいほどこのパターンが使われます。そのため、ビジネス雑誌などでは特によく見かけるパターンです。

左の図3.17は、このパターンを使って、新型DVDの2つの異なる記録方式の陣営に、それぞれどの会社が属しているのかを図解したものです。

片方の陣営にだけ属している会社と、両陣営に二股をかけている会社が、図解を見ただけで瞬時に判別できます。

また、この例では、色（網の濃度）を変えることで、グループが異なることをさらに強調しています。

すぐに使える図解パターンですから、しっかりと覚えておきましょう。

7 ツリー状にブレークダウンするパターン

問題解決に使われる「**ロジックツリー**」や、意志決定に使われる「**デシジョンツリー**」といった図解ツールは、**ツ**

■ 図3.18―ロジックツリーの例 ■

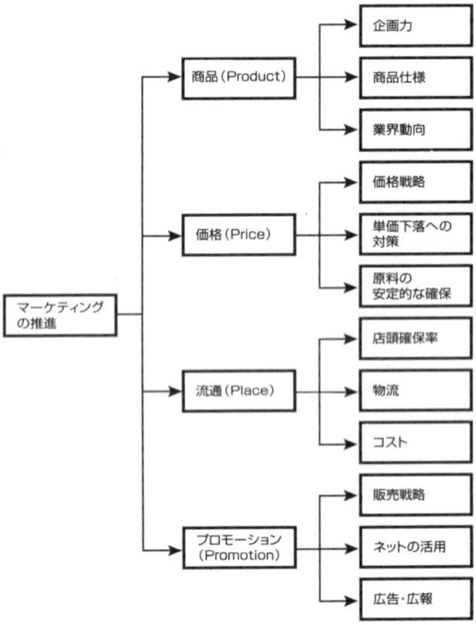

▶ ツリーの頂点から順番に図解していく過程で、考えや状況を整理できる

リー状にブレークダウンするパターンでできています。

　ロジックツリーとは、課題に対してトップダウン型で問題解決を進めるときに使われる図解ツールで、論理思考でよく使われます。左の図3.18のように、ツリー状に幹から枝葉へと分岐させながら、状況の変化や、意志決定の過程などを表現することができるものです。

　この例では、「マーケティングの推進」という大きな目的のために必要なことは何なのかと考えたときに、「商品」「価格」「流通」「プロモーション」の4つが必要であり、4つの項目にそれぞれ必要なことは何か…と、順々にブレークダウンしていく様子を示しています。

■ 図3.19―ロジックツリーの例 ■

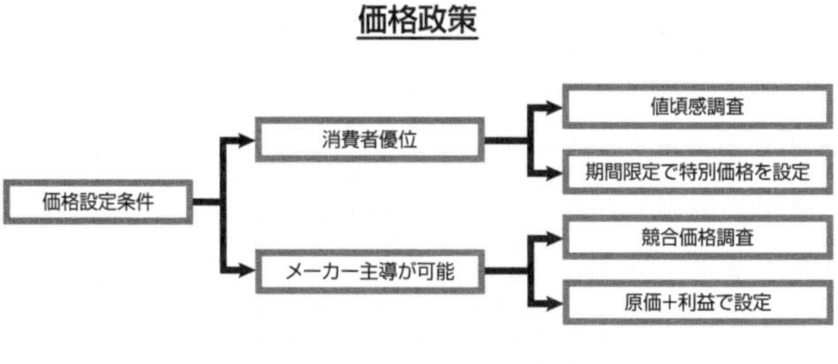

▶具体的な作業にブレークダウンした例

前ページの図3.19のように、具体的な作業に分岐していく様子を図解する場合もあります。

このように図解していく過程で、まとまっていなかった考えや状況を整理して、論理的な解決策や対応策を見つけることができるのです。

デシジョンツリーは、ロジックツリーによく似た図解ツールで、さまざまな選択肢の中から「YES」「NO」を繰り返し、最適なものを決めるために用いられます（図3.20）。

■ 図3.20—デシジョンツリーの例 ■

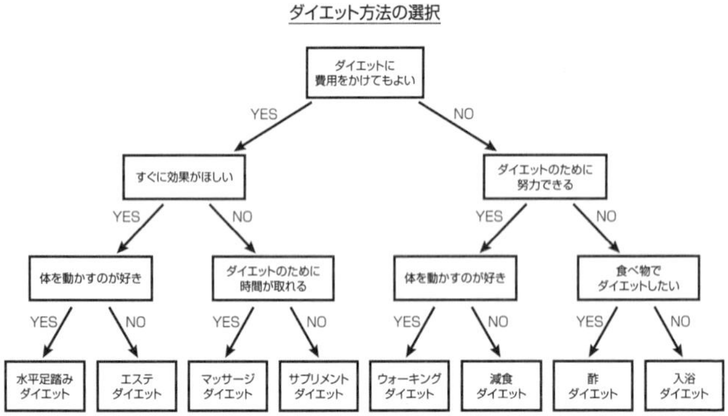

▶ デシジョンツリーは、あらかじめ限られた選択肢の中から、状況に合った解決策を求める場合によく使われる

8 ツリーの頂点に収斂させるパターン

ロジックツリーやデシジョンツリーとは逆に、**ツリーの底辺に具体的な情報や観察事例を置き、そこから上へ上へと上位概念を推論していく応用パターン**があります。「**ピラ**

図3.21—ピラミッド構造の例

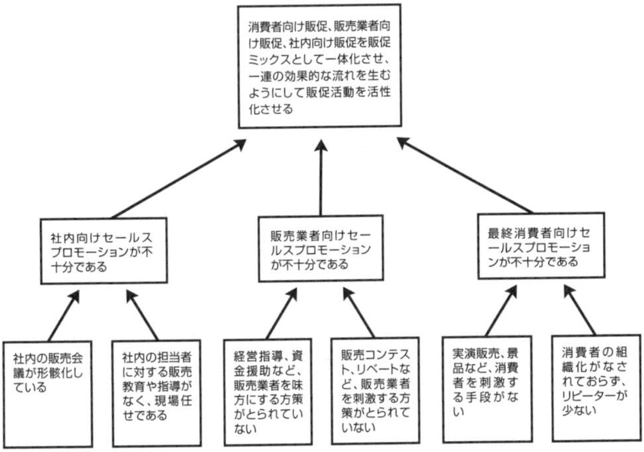

消費者向け販促、販売業者向け販促、社内向け販促を販促ミックスとして一体化させ、一連の効果的な流れを生むようにして販促活動を活性化させる
社内向けセールスプロモーションが不十分である
販売業者向けセールスプロモーションが不十分である
最終消費者向けセールスプロモーションが不十分である
社内の販売会議が形骸化している
社内の担当者に対する販売教育や指導がなく、現場任せである
経営指導、資金援助など、販売業者を味方にする方策がとられていない
販売コンテスト、リベートなど、販売業者を刺激する方策がとられていない
実演販売、景品など、消費者を刺激する手段がない
消費者の組織化がなされておらず、リピーターが少ない

▶ツリーの底辺から頂点に向かって、問題を突き詰めていく際に使われるパターン

ミッド構造」とも呼ばれるパターンです。

前ページの図3.21は、このパターンを使って、現場の具体的な事例を整理しながら問題の本質を突き詰めていく様子を図解した例です。

下の図3.22のように、ピラミッド構造を横向きにする場合もあり、この場合も1つの結論を得るために収斂していく形の図解になっています。

ピラミッド構造を横向きにする場合は、時系列に並べるパターンと同じく、左から右へと「配置」するのが基本になります。

図3.22—ピラミッド構造の例

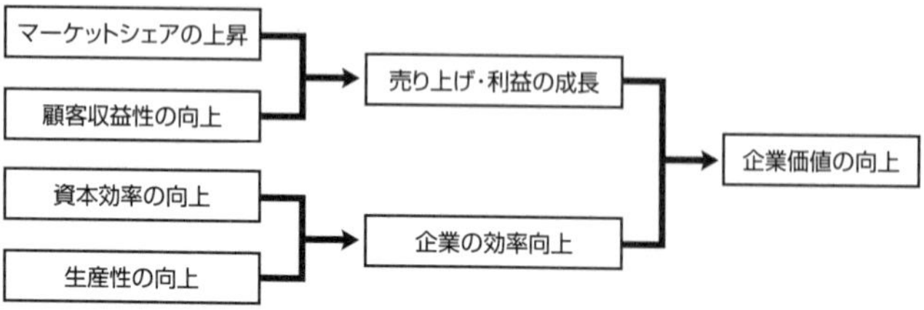

▶横向きにする場合は、左から右へが基本

❑ *Lets Try!*

演習問題 8	枠内に示した内容でマトリックス（→120ページ）を作り、マス目を埋めなさい。

◆ 縦軸：　購入金額（上部が「高額」、下部が「安価」）

◆ 横軸：　購入時期（右側が「急ぐ」、左側が「急がない」）

◆ マス目に記入するもの：　今後購入したい商品、
購入を予定している商品

【解説】

下の図3.23のようなマトリックスができあがったと思います。「高額—安価」、「急ぐ—急がない」の基準は各自まちまちなので、適当な基準を設けて記入してみてください。

■ 図3.23—解答例 ■

購入したい商品

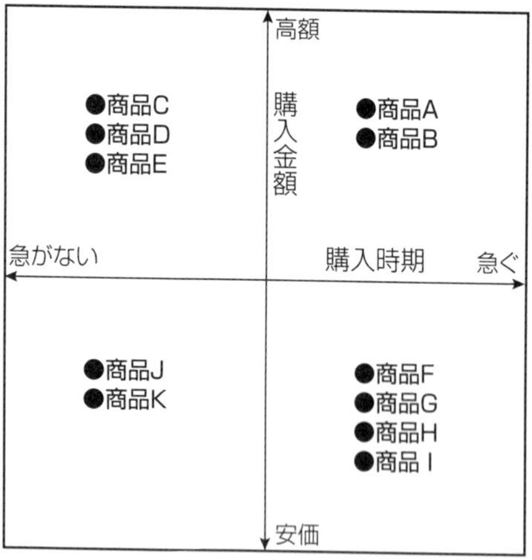

▶ 商品名は自分が購入したいものでOK

演習問題 9　枠内に示した内容で縦横の座標軸（→126ページ）を作り、マッピングしなさい。

◆ テーマ：　乗り物の位置づけの明確化

◆ 縦軸：　利用者密度

◆ 横軸：　移動距離

◆ マッピングする乗り物：　「鉄道・地下鉄」「バス」「自動車」「都市モノレール」「二輪車」

【解説】

答えは、下の図3.24のようになります。それぞれの乗り物の移動距離や利用者密度には幅があるので、ピンポイントで表示することはできず、ある領域をカバーするような不規則な形になります。細かい点は違っていてもかまわないので、5種類の乗り物の特徴が引き出されたマッピングがなされていればOKです。

■ 図3.24―解答例 ■

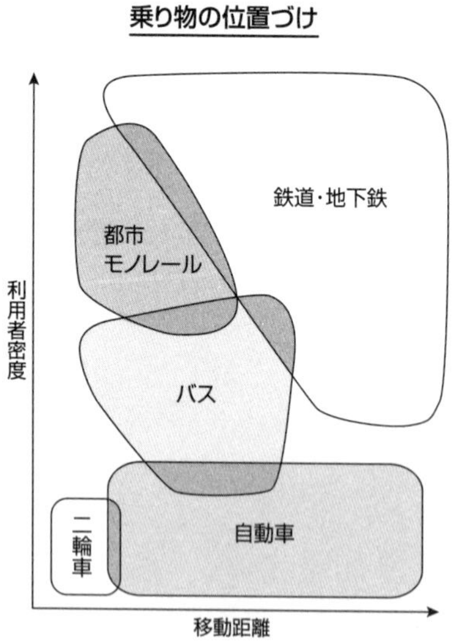

▶囲み図形は、このように不規則な形にすることもできる

演習問題10	枠内に示した内容を、ピラミッド図（→129ページ）を使って図解しなさい。

A社の業務の階層

◎ 業務の階層は、「戦略的業務」「非定型業務」「定型業務」「補助的業務」の4階層

◎ 正社員の業務は、「戦略的業務」「非定型業務」「定型業務」

◎ 派遣、パートの業務は、「定型業務」「補助的業務」

【解説】

答えは、下の図3.25のようになります。正社員と派遣・パートの業務の違いが付け加えられていなければなりません。

■ 図3.25―解答例 ■

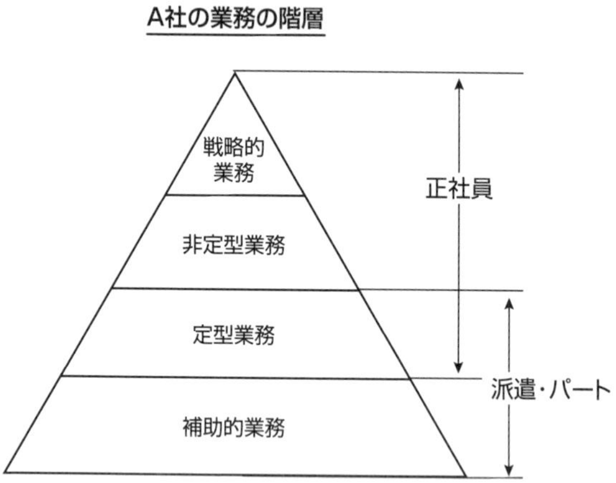

▶グラデーションを使って階層をより強調してもよい

演習問題11

枠内に示した内容を、楕円を重ね合わせてグループを示すパターン（→132ページ）で図解しなさい。

携帯電話事業者と機器納入会社の関係

◎ NTTドコモにだけ納入：　富士通、三菱電機

◎ KDDI（au）にだけ納入：　日立、京セラ、カシオ

◎ ソフトバンクモバイルにだけ納入：　なし

◎ NTTドコモとKDDI（au）に納入：
ソニー・エリクソン、三洋電機

◎ KDDI（au）とソフトバンクモバイルに納入：　東芝

◎ ソフトバンクモバイル とNTTドコモに納入：　NEC

◎ NTTドコモ、KDDI（au）、ソフトバンクモバイルに納入：
シャープ、パナソニックモバイル

【解説】

3つの楕円を描いて、少しずつずらして適切な位置を見つけるか、納入会社を色分けしながら整理するかして楕円の重ね方を考えます。

下の図3.26のような形で整理できれば正解です。

■ 図3.26—解答例 ■

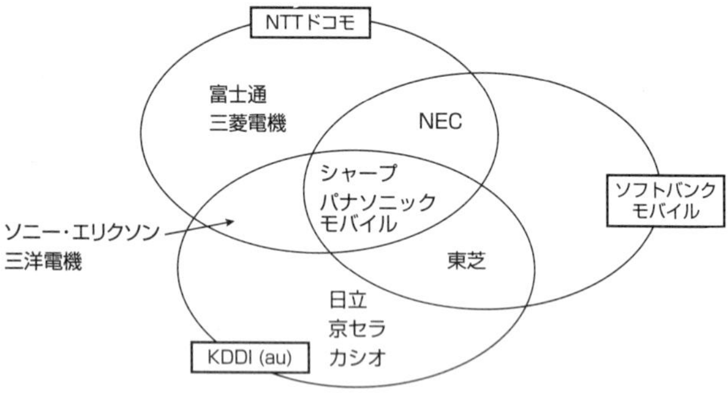

▶ 色分けを施すと、さらにグループ分けを強調できる

演習問題12　以下の内容をツリー状にブレークダウンするパターン（→134ページ）を使って図解しなさい。

生命保険は次のように選ぶ

◆ まず、保証は一定期間でよいか一生涯としたいか。

◆ 保証が一定期間でよい場合、満期保険金がほしいかいらないか。ほしい場合は「養老保険」、いらない場合は「定額保険」とする。

◆ 保証は一生涯としたい場合、保険金は一生涯同じがよいか一定期間の保険金額を高くしたいか。一生涯同じがよいときは「終身保険」、そうでないときは「定期保険特約付終身保険」とする。

【解説】

下の図3.27のようなツリー状の図解ができれば正解です。この解答例では左から右に並べていますが、もちろん上から下に並べてもかまいません。

■ 図3.27―解答例 ■

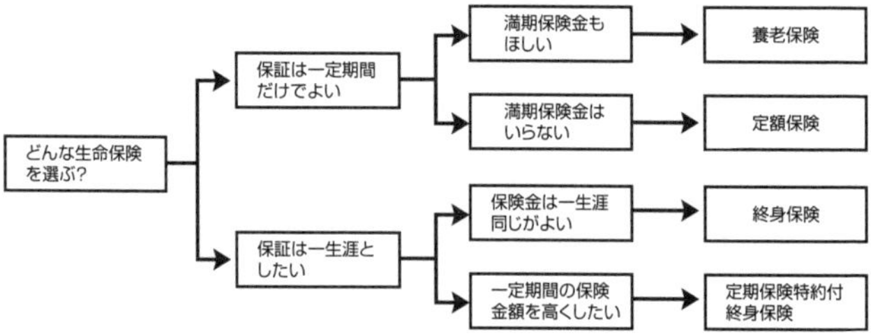

▶ 順番にブレークダウンしていけばよい

第4章
メリハリを付けて図解をもっとわかりやすくしよう

せっかく作った図解も、強調したかった箇所がうまく伝わらなかったり、ポイントがはっきりしていなければ、本来の目的を果たすことができません。
第4章では、どうやったら図解にメリハリを付けてポイントを強調できるのか、そのテクニックを具体的に説明していきます。

1 メリハリを付けて注目させよう

図解を見やすく生き生きとさせる最も簡単で、効果が大きい方法は、図解にメリハリを付けることです。

メリハリとは、視覚的な強弱のことで、次に挙げるようなさまざまな手法があります。図解の内容と用途によって、この中のどの方法を使うかを考えて（またはこのうちのいくつかを組み合わせて）、図解にメリハリを付けていきます。

・網を掛ける（色を付ける）。

・網掛けの濃度を変える。

・グラデーションを付ける。

・影を付ける。

・イラストや記号を使う。

・線の太さや種類を変える。

・濃いバックで白抜き文字を使う。

・書体や文字サイズを変える。

・カラーを使う。

これらのうち、主なものについて解説していきます。

2 網を掛ける（色を付ける）

メリハリを付けるための最も初歩的な方法は、**囲み図形に色を付ける**ことです。なお、本書のように白黒で表現する場合、カラーで色を付けることと区別するために、一般的に「**網を掛ける**」という言い方をします。

囲み図形に網を掛けることは、囲み図形の内側を地の色からより明確に区別させ、視覚的に認識しやすくする効果があります。

実際の例で見てみましょう。キーワードを囲んでつないだだけの単純な図4.1があります。この図解の囲み図形に網を掛けると、次ページの図4.2（上）のようになります。

■ 図4.1―メリハリを付ける前の図解例 ■

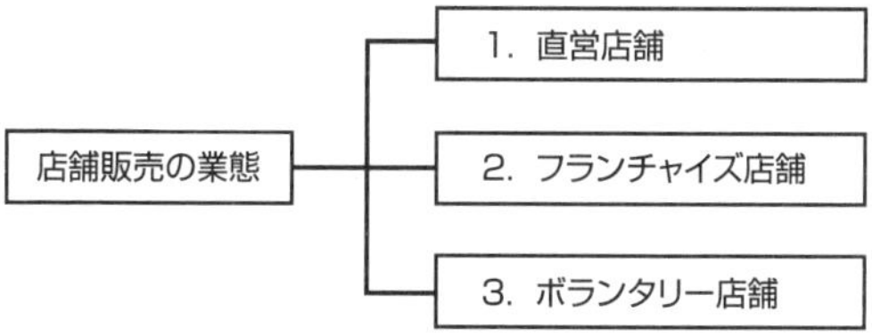

▶ このままでは印象が弱い

図4.1の例よりも、囲み図形の存在感が増しているのがわかります。

網の濃さを変えて（色を変えて）、囲んだ要素の性質の違いを表現することもできます。図4.2の下側の例が、それに当たります。

■ 図4.2—メリハリを付けた図解例 ■

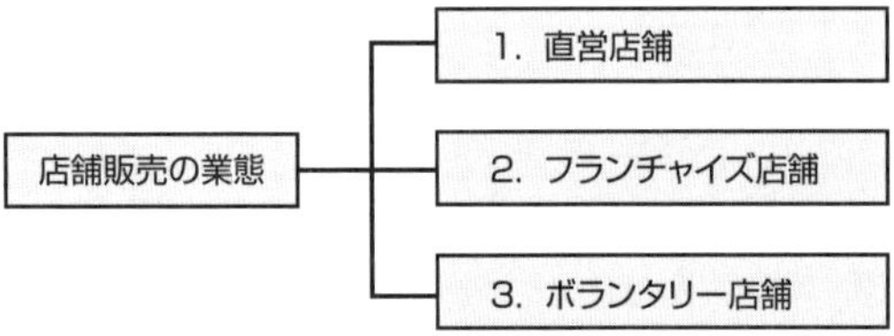

▶ 網を掛けることで、囲み図形をより際立たせている

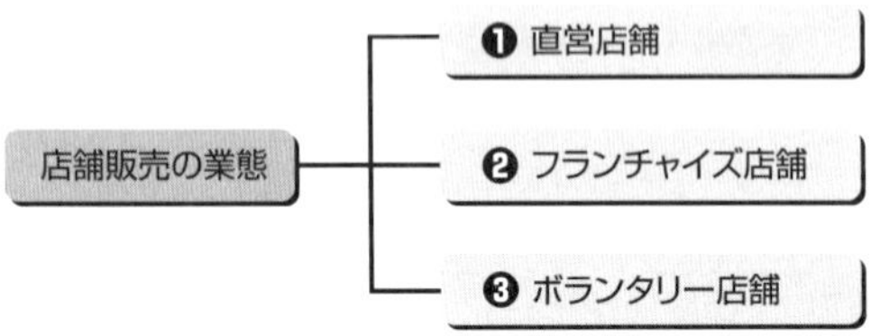

▶ 網の濃淡に差を付けた例。囲み図形を2種類に分けている。影付け、白抜き文字、角を丸くするなどの手法も併用して、完成度の高い図解になっている

3 グラデーションを作る

網掛けの濃度を変化させる手法を応用したものに、**グラデーションを作って流れや濃度、階層などを表現するテクニック**があります。

例えば、下の図4.3は、方向性を持った囲み図形を使っ

■ 図4.3—グラデーションの使用例 ■

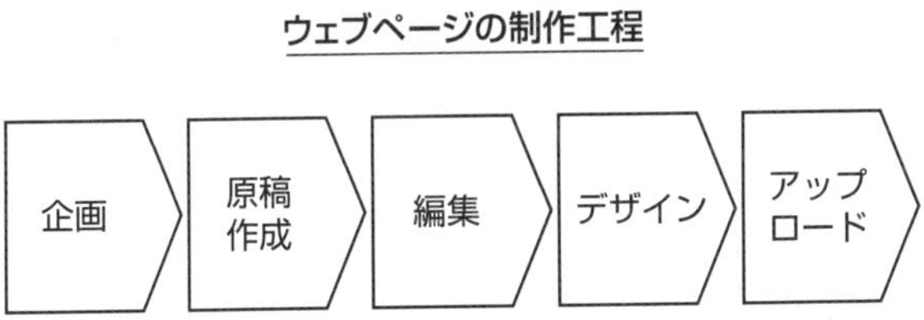

▶ グラデーションを使っていない例。このままでは印象が弱い

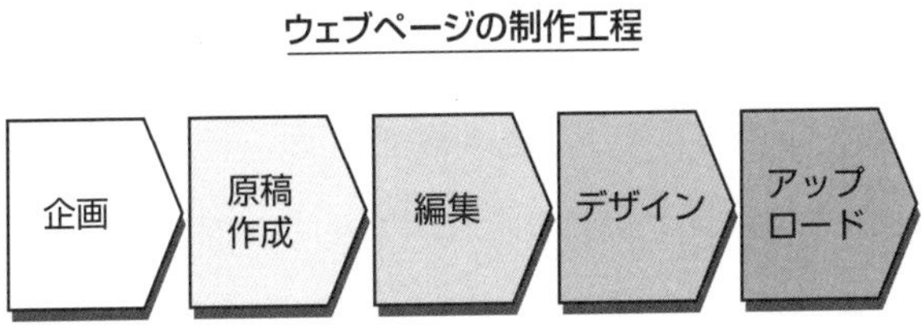

▶ グラデーションを使うことで、流れを強調できている

てウェブページ制作の流れを図解した例ですが、下側の例のようにグラデーションを付けてやると、一方向に向かう流れをさらに印象づけることができます。この例では影も付けています。

グラデーションは、上下関係などの階層もうまく表現でき（図4.4）、図解表現の幅を大きく広げてくれるテクニックです。

■ 図4.4—グラデーションの使用例 ■

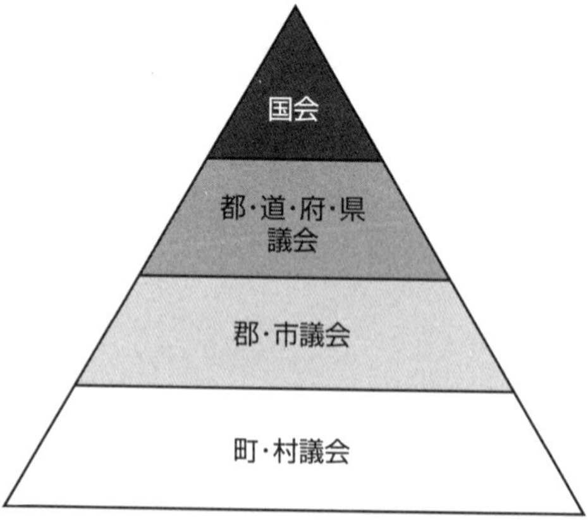

▶濃い地色の部分は、白黒反転させた文字を使うと認識されやすい

4 影を付ける

網を掛ける（色を付ける）のと並んで、**囲み図形に影を付ける**のも、図解にメリハリを付ける初歩的な手法です。

利用できる範囲が広く、簡単なので、非常によく使われる手法です。各種ビジネスソフトでは、囲み図形にワンタッチで影を付けることも可能です。

下の図4.5は、151ページの図4.1の例に影を付けたものです。これを見るとわかりますが、影を付けるのも、網を掛けるのと同様、囲み図形の存在感を際だたせる効果があります。

■ **図4.5―影付けの使用例** ■

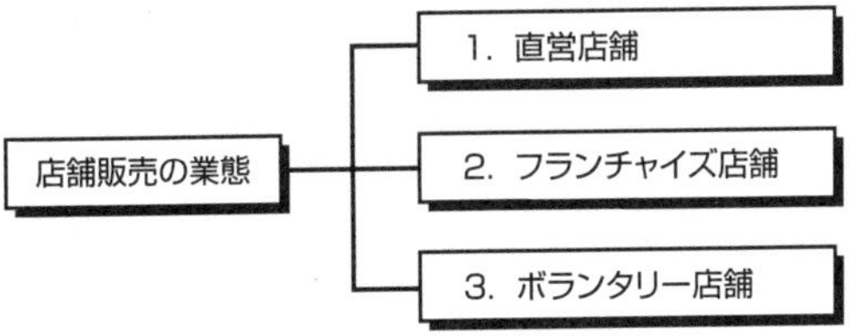

▶ メリハリを付けるためのほかのテクニックとも併用しやすい

5 イラストなどで親しみを感じさせる

　囲み図形やつなぎだけで構成した図解はシンプルですが、図解の用途によってはもう少し親しみやすい印象を出したい場合もあります。そのような場合には、**図解の一部をイラストに置き換えたり、図形の一部を印象がやわらかくなるように加工したりする方法**がよく使われます。

　下の図4.6は、サトウキビからバイオエタノール燃料を

■ 図4.6—メリハリを付ける前の図解例 ■

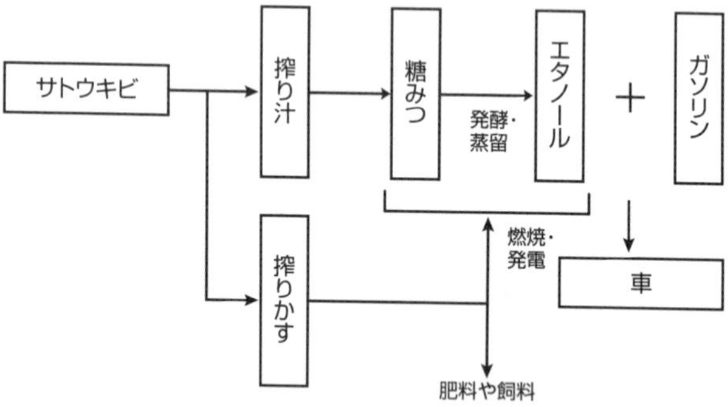

▶ シンプルだが、ビジネスライクな印象の図解

生成する過程を図解した例です。この図解の一部をイラストに置き換え、ほかにも線の太さや線種の変更、矢印の形の変更などの処理を施すことによって、メリハリや親しみやすさが出るようにした例が下の図4.7です。

このように変化のある表現をすることで、もとの図解に比べて格段に訴求力が向上しているのがわかります。常にこうした表現をしなければならないということではありませんが、必要なときに利用すると図解の効果が倍増します。

■ 図4.7—メリハリや親しみやすさが感じられる図解例 ■

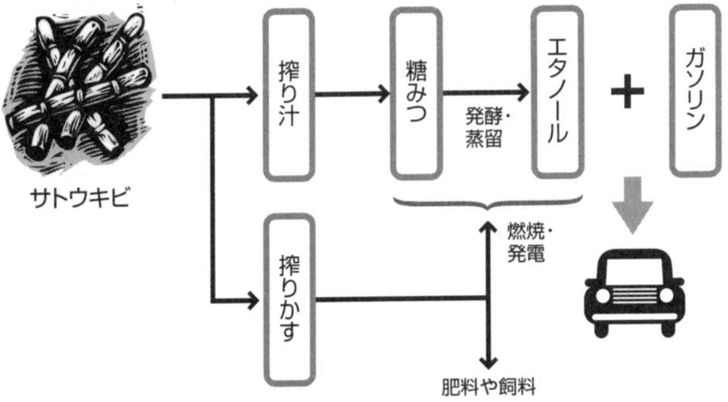

▶囲み図形の角を丸くすると、全体の印象を柔らかくできる。矢印も手描き風のものに変更して、親しみやすくしている

6 線の種類や太さで差を付ける

「つなぎ」や囲み図形の線の種類や太さを変える方法は、図解の意味合いを補強するためによく使われ、うまく使うと形や色からも意味合いが読み取れるようになり、理解が深まる手法です。

右の図4.8は、同じ構成要素の図解にこの手法でメリハリを付ける前後を対比させたものです。

メリハリを付けた下側の例では、囲み図形の線を太くすることで「推進役」を目立つようにしています。そうすることで、推進役がほかの要素に比べて重要な役割を担っていることを伝えようとしています。

反対に、囲み図形や「つなぎ」の線を点線にすることで「アドバイザー」は弱めています。アドバイザーの役割が相対的に少ないとか、常時アドバイスしているのではなく例外的であるといったことを伝えたいためにそうしています。

同じ線種・同じ線の太さを使っている上側の例では、そのようなメッセージを伝えることはできません。

■ 図4.8―線の種類や太さを変えた図解例 ■

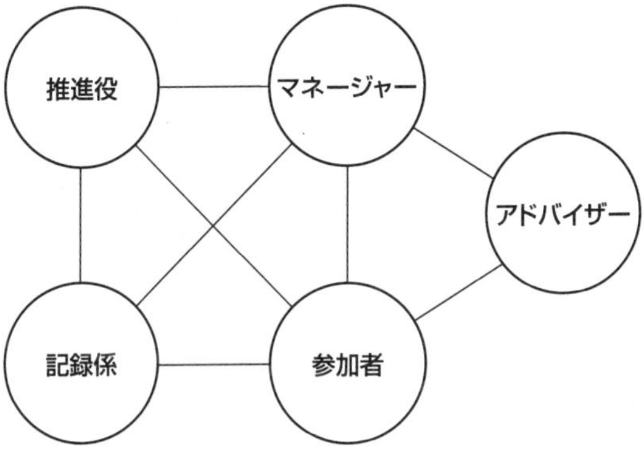

▶この状態では、すべての要素は対等

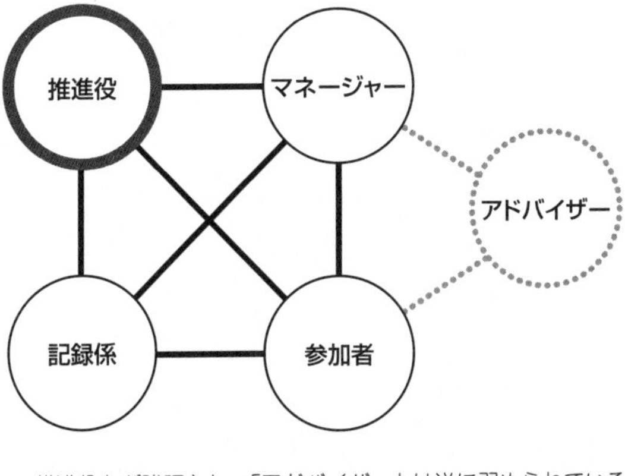

▶「推進役」が強調され、「アドバイザー」は逆に弱められている

7 コントラストで差を付ける

コントラストとは対比のことを言います。この**コントラストをうまく図解に組み込む**ことによって、「Q&A」、「新旧」、「前後」など、相反する意味合いを持つ要素の対比を、わかりやすく表現することができます。

具体的には、白と黒に色分けしたり、太い罫線と細い罫線などを使い分けることによって、コントラストを感じる図解にできます。

■ 図4.9—コントラストの使用例 ■

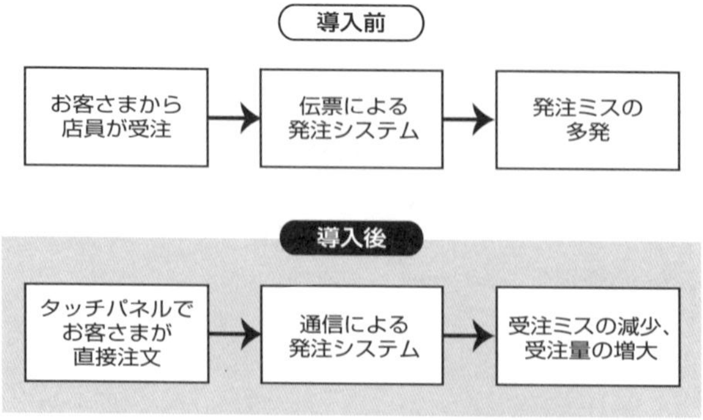

▶ 導入前と導入後を視覚的に対比させている

ただし、この手法を使うときには、強すぎるコントラストが全体の統一感を損なわないよう注意が必要です。

左の図4.9は、新しい受発注システムの「導入前」と「導入後」を、白抜き文字や網掛けなどの違いによってコントラストを付けて図解した例です。導入の前後で状況が変化する「対比」の意味合いをうまく表現できています。

下の図4.10も、囲み図形の色の違いを使ってコントラストを付けた図解の例です。

■ 図4.10―コントラストの使用例 ■

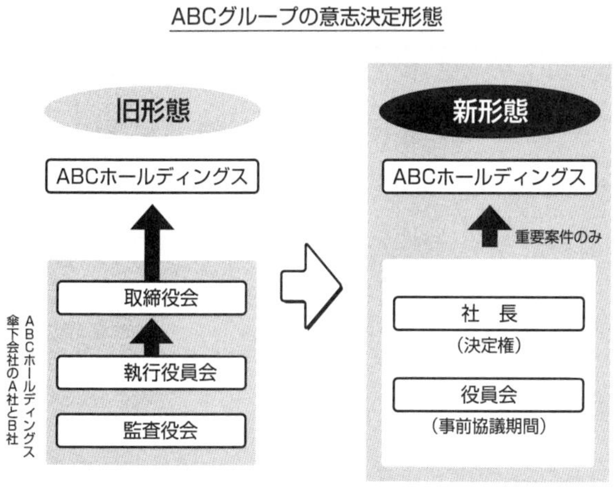

▶ コントラストはあまり強くしすぎないのがポイント

8 形や配置を整理する

同じ性格の囲み図形が異なる形をしていたり、同じ流れの中にある物事が一直線上に配置されていなかったりすると、図解を見る人に違和感を覚えさせたり、雑な印象を与えてしまいます。

図解の中で、形や配置をそろえた方がよいと判断できる箇所では、可能な限りそろえるようにしましょう。そうした方が視覚的に違和感が無く、図解を見たときの直感的な理解を早めてくれます。

例えば、右の図4.11は、どちらも企業と顧客の商取引を表現した同じ内容の図解ですが、上側の図は配置の仕方に違和感があり、囲み図形の大きさなども不ぞろいです。下側の図はこれに手を加えて、不ぞろいの矢印や四角形の大きさをそろえたものです。

パッと見たときに、形や位置が整理されている方が、ずっと理解しやすいのがわかります。

さらに形の整理を進め、網を掛けたり矢印の形を変える

図4.11—形や配置を整理した図解例

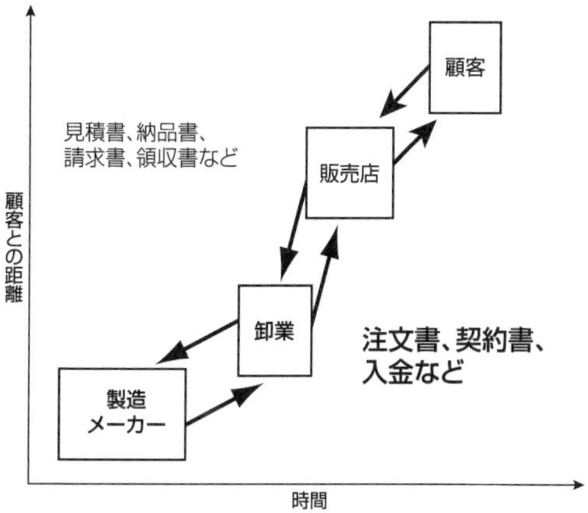

▶ 統一感が無く、雑然としたイメージを感じさせてしまう

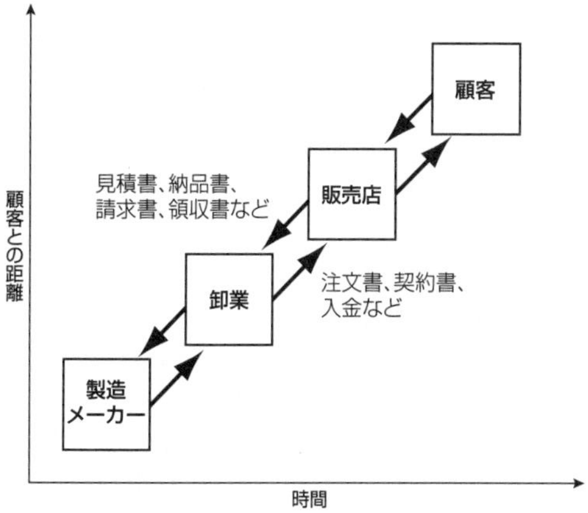

▶ 形や方向をそろえたことで整然となった

などのほかの手法も併用して完成度を高めた例が、下の図4.12です。顧客企業へのプレゼンテーションなど、特に高度な表現を求められるときには、このような加工を行うこともあります。

■ 図4.12—形や配置を整理した図解例 ■

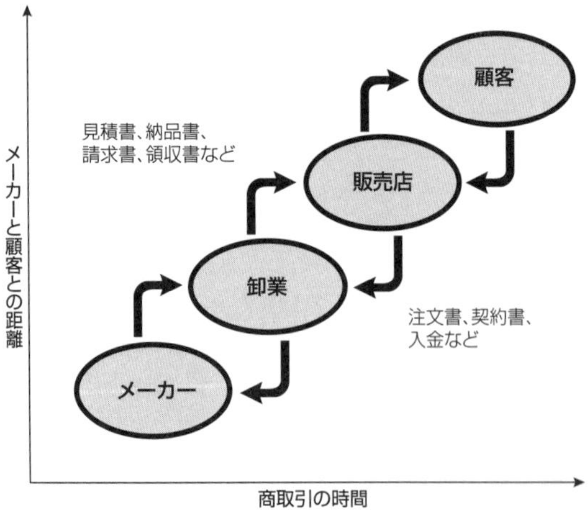

▶ さまざまな手法を併用してメリハリを付けることで、訴求力の高い図解になっている

9 カラーを上手に使う

資料をモニター上で読むことが増え、また、カラー複合機がオフィスに普及している現在、**図解にもカラーをうまく使うこと**がますます大事になっています。

本書は白黒なので詳しく解説することはできませんが、色相、彩度、明度、暖色、寒色、トーン、色相環など、カラーの基本を学んでおくと、プレゼン資料の作成などの場面で役立ちます。

図解でカラーを使う際に注意してほしい主な点には、以下のようなものがあります。

・1つの図解の中で使う色数が多いと、図解のポイントが拡散してしまう。
・原色を使いすぎるのは目がチカチカするので避ける。
・モニター上で見る色合いと、印刷したときの色合いには差がある。
・カラーで作った資料を白黒でコピーしたりファックスしたりすると、印象が大きく変わってしまう。

10 図解の中の一部分を目立たせる

特に大事な箇所や注目してほしいところがあるなど、図解の中の一部分だけを強調したいことがあります。こうした場合には、**その部分だけにこれまで紹介してきたメリハリを高める手法を適用します。**

ポイントは、**強調する箇所以外はメリハリを少し抑え気味にし、強調点を相対的に目立つようにすること**です。

■ 図4.13—メリハリを付ける前の図解例 ■

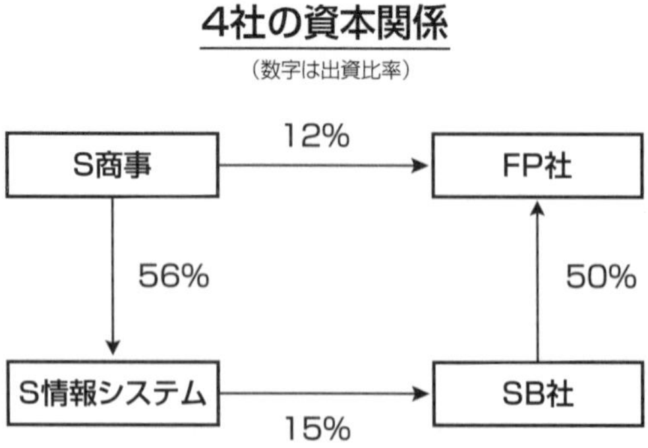

▶ この状態では全体が均等なレベルになっている

具体例で見てみましょう。左の図4.13は何も処理をしていない図解、下の図4.14は同じ図解で、注目してほしい箇所だけを白抜き文字にしたり矢印の太さを変えたりしたものです。同じく、次ページの図4.15、169ページの図4.16も、メリハリを付ける前の状態の図解と、手を加えて一部分だけを強調した例を対比させたものです。

強調したい箇所がハッキリと認識できる方が、その図解で何を説明したいのかを理解しやすくなっています。

■ 図4.14——一部分だけにメリハリを付けた図解例 ■

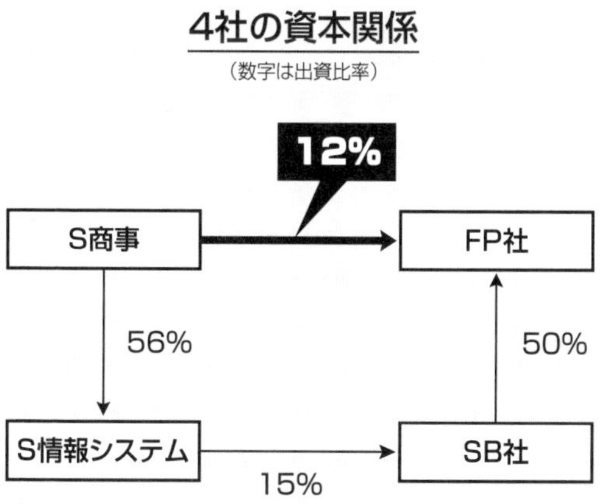

▶ S商事とFP社の資本関係だけを強調したいために、その箇所だけメリハリを付けている

■ 図4.15—一部分だけにメリハリを付けた図解例 ■

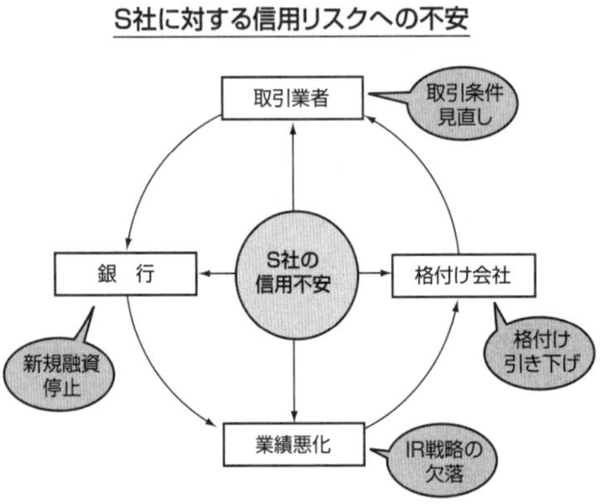

▶ この状態では、信用不安から来るリスクへの切迫感が感じられない

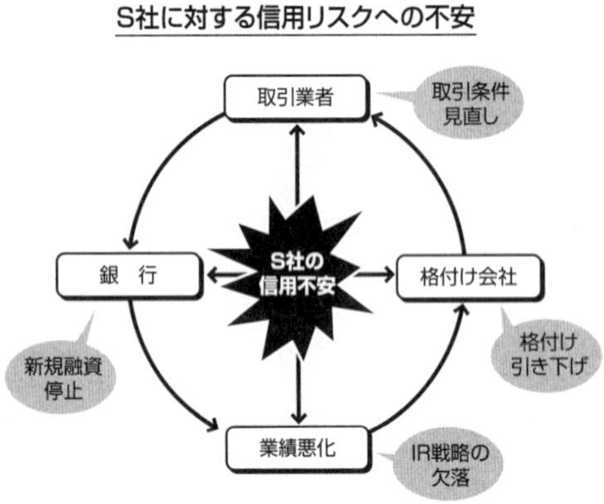

▶ 中心にバクダンを使用してインパクトを出している。この例ではそのほかの手法も併用して、完成度の高い図解にしている

■ 図4.16—一部分だけにメリハリを付けた図解例 ■

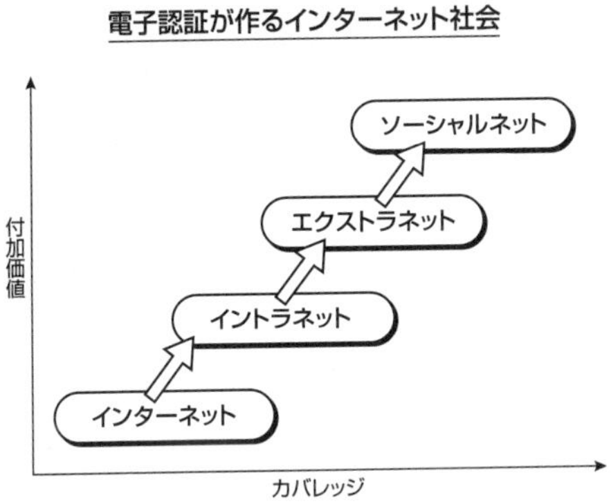

▶ 高度なネット社会へと進化していく上向きなイメージが弱い

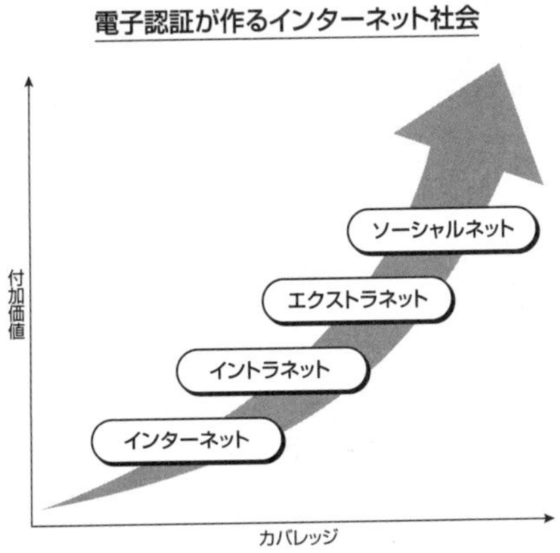

▶ 特徴的な矢印の図形をバックに組み込んで、進化していくイメージを強く感じさせている

11 強調や飾り付けは抑え気味に

メリハリを付けるときに注意しなければならないのは、**飾り付けや強調はどんどん強めて派手にしていけばよいというものではない**ことです。

図解には用途や目的があり、それに沿った形での飾り付けが必要ということです。必要以上にメリハリを付けすぎると、逆に図解本来のメッセージを拡散させてしまう場合があり、注意が必要です。

例えば、次ページからの図4.17～図4.19は、図4.17の上側の図解をベースに段階的に飾り付けの度合いを高めた例ですが、用途・目的によっては、図4.17の下側の例あたりでも充分な場合もありますし、図4.18の下側の例ぐらいの飾り付けが必要とされる場合もあります。図4.19までいくと、少しメリハリの付けすぎとなります。

コツとしては、**少し物足りないかなと感じるぐらいのところでやめておく**と、ちょうどよいメリハリ具合になることが多いようです。

■ 図4.17—段階的にメリハリを強めた例 ■

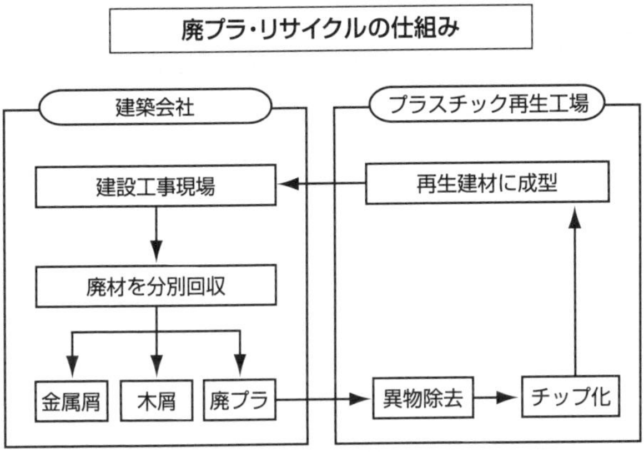

▶ この状態では、どこに注目すればよいのかわからない

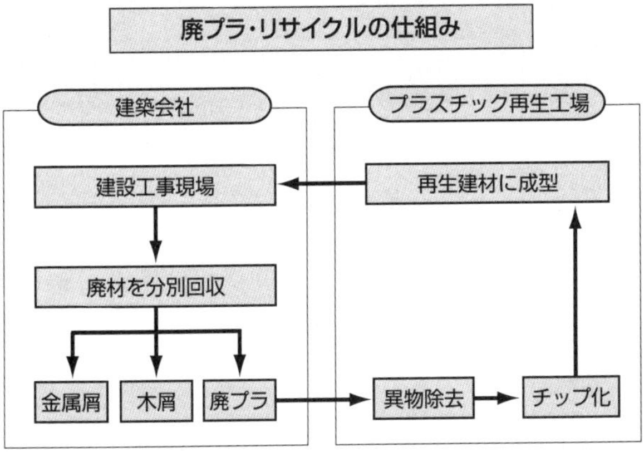

▶ 社内の連絡文書や報告書に使うならこの程度で充分

■ 図4.18—段階的にメリハリを強めた例 ■

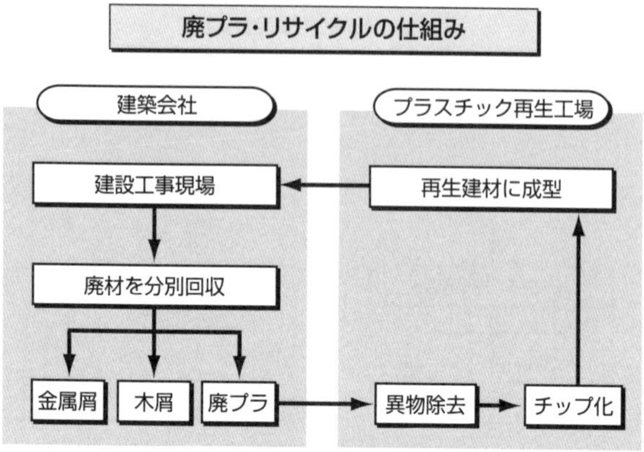

▶ 印刷物に使う図解などで求められるレベル

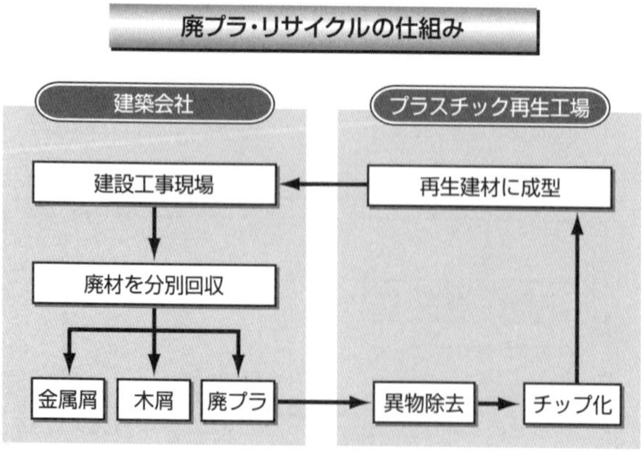

▶ 顧客企業に対するプレゼン資料や企画書に求められるレベル。ただし、過剰にならないように気を付ける

■ 図4.19—段階的にメリハリを強めた例 ■

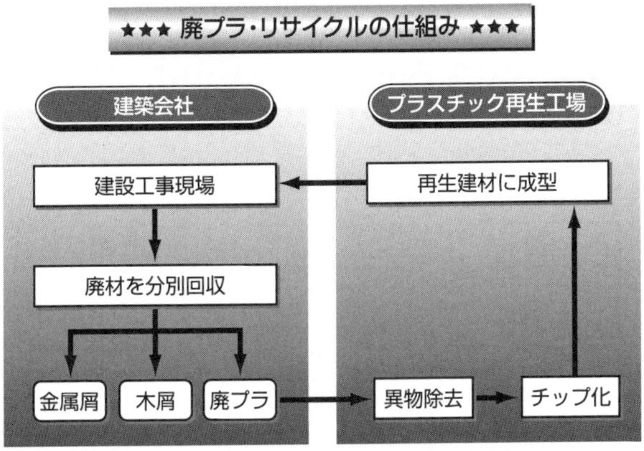

▶ ここまで来ると完全にやりすぎ。メリハリを付けるための手法が、かえって図解の理解を妨げている

❑ *Lets Try!*

演習問題13　次の図解に網掛けをしたり、線の太さを変えるなどして、社内の報告書レベル、印刷物に使うレベルの2段階のメリハリを付けなさい。

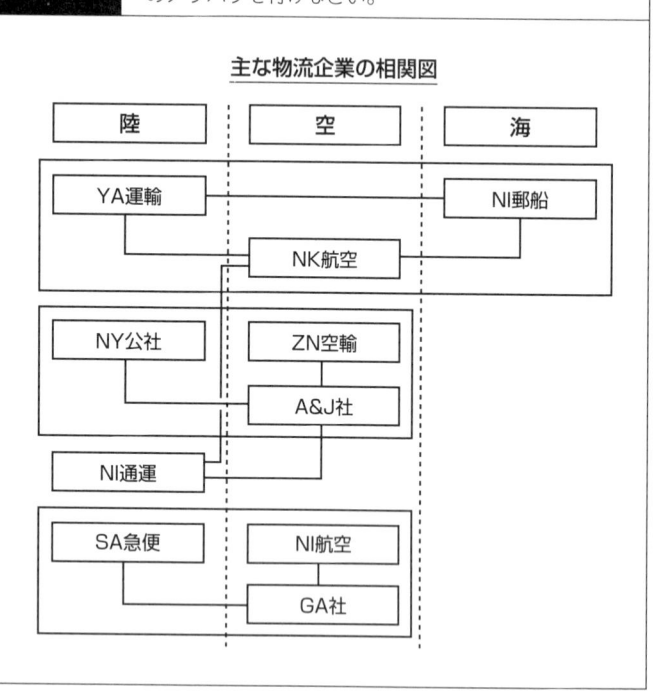

主な物流企業の相関図

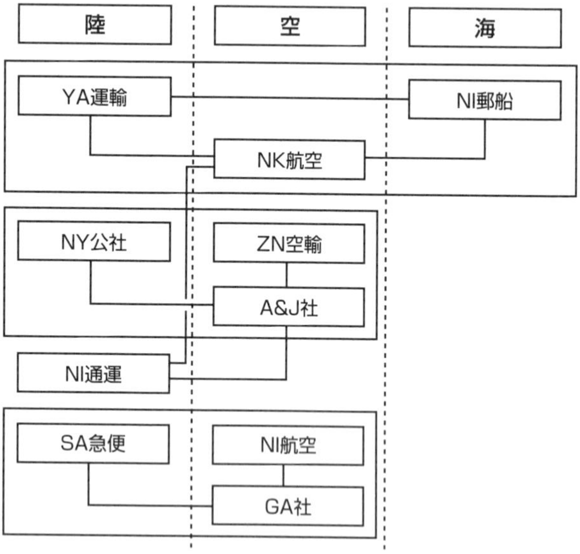

解答欄 1

解答欄 2

【解説】

下の図4.20、および次ページの図4.21のようにメリハリが付けられれば正解です。もちろん、細かい部分は違っていてもかまいません。

■ 図4.20―解答例 ■

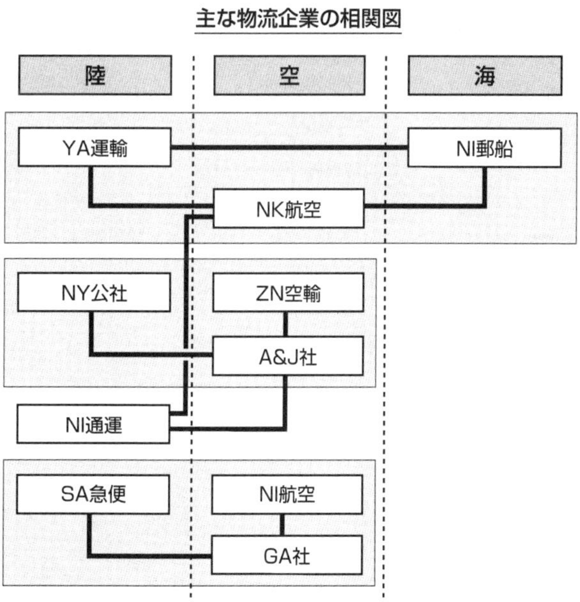

▶ 社内の報告書ならば、この程度で充分です。あまり手間をかけていると、必要以上に時間がかかってしまいます

■ 図4.21—解答例 ■

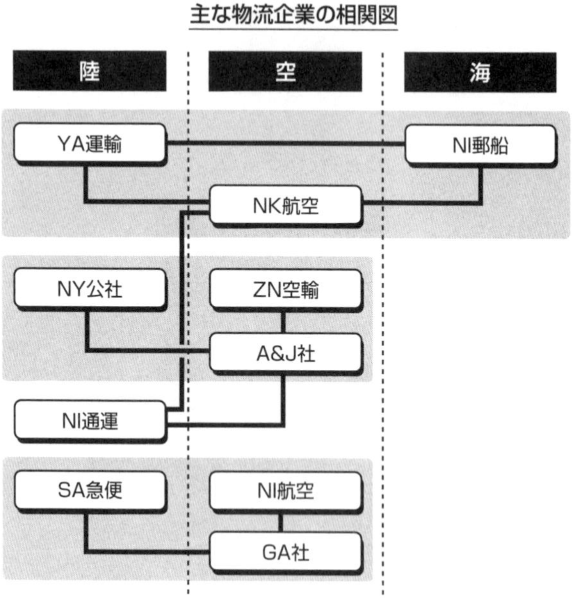

▶影付け、網掛け、白黒反転文字などの技法を使ってまとめている

第5章
図解を描くとき・使うときの考え方を知ろう

ここまで読んできたあなたは、すでに図解の技術をほとんどマスターしたと言っても過言ではありません。
第5章では、最後の仕上げとして、実際に図解を作ったり、使ったりするときの考え方について説明します。図解は大変有効な表現手段ですが、万能ではありません。図解の特性をよく理解したうえで、効果的に使っていきましょう。

1 図解ですべては表現できない！

まず、**伝えたい情報を図解だけで100%伝えるのは困難である**ということを、改めて認識しておきましょう。

図解・文章・口頭説明のそれぞれには、伝達手段としての異なる特徴があります。それらを無視して、すべてを図解で表現しようとするのは意味がありません。

図解にしても文章にしても、それらを使う目的は、伝えるべき情報・考えを的確に相手に理解してもらうことにあります。図解を使うのは、図解のメリットが活かせる部分だけにしておくべきです。

実際のビジネスシーンで図解を使う場合には、図解単独ではなく、文章や口頭での説明と組み合わせて使うことが多いでしょう。以下の3つのパターンが考えられます。

（1）　図解＋文章

（2）　図解＋口頭説明

（3）　図解＋文章＋口頭説明

例えば、報告書や説明文などの一般の文書であれば（1）、顧客や社内の関係者に対するプレゼンテーションの場でスライド投影しながら説明するのであれば（2）、同じプレゼンテーションの場でも、配付文書を使って説明するときは（3）になります（図5.1）。

それぞれの与えられた条件の下で、最適と思われる伝達手段の組み合わせを考えながら、図解を使っていく姿勢が求められるのです。逆に言えば、**必要もないのに図解を多用すると、本当に言いたいことが伝えられなくなる危険もある**ということです。

では、図解を使いたいときは、ほかにどの伝達手段を組み合わせて使うべきか、どうやって判断すればいいのでしょうか？

図5.1—伝達手段の組み合わせ

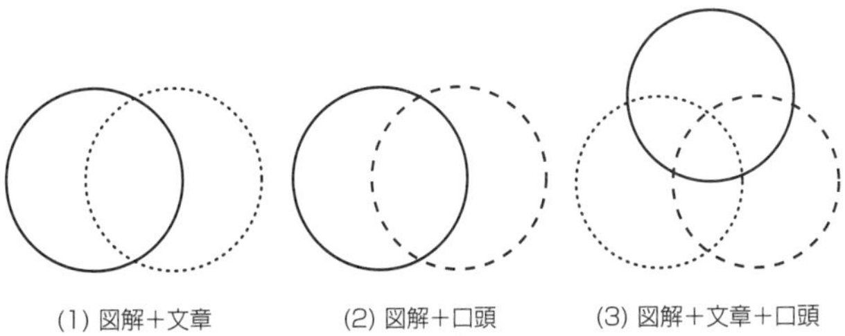

(1) 図解＋文章　(2) 図解＋口頭　(3) 図解＋文章＋口頭

▶ シチュエーションに応じて伝達手段を使い分ける

1つひとつの図解で何をしたいのか、また、何を表現したいのか、図解を利用する方針を明確にしながら、伝達手段の組み合わせを決めていくのが基本です。

例えば、

・最初にテーマ全体の概要を伝えるために図解を使う。

・文章や口頭では説明が難しい箇所を図解で示す。

・伝えたいポイントを強調するために図解で示す。

・図解は興味を引き付けるだけ。詳細は口頭で伝える。

といった感じに、図解ごとに方針を確認しながら進めるのが好ましいのです。

方針を立てるときには、右の図5.2の、文章と図解の組み合わせに関する代表的なパターンを参考にしながら、考えていくとよいでしょう。

（1）は、文章が主体で、一部図解による説明を加えている組み合わせです。図解と文章説明のダブリはありません。

（2）は、図解主体で説明し、補足的に文章を加えるもの。

（3）は、図解と文章を同じくらいのウェイトで使っている組み合わせです。一部を図解と文章の両方で繰り返し説明して、その部分に対する深い理解を促します。

（4）は、文章主体で説明していますが、一部をさらに図解でも説明して確実に理解してもらう組み合わせです。

（5）は、文章で説明した内容を図解で要約して示す組み合わせです。図解を見て、文章で伝えたいことの全体像をまず理解してほしいときに使います。

この5パターンに、口頭説明を組み合わせて考えていきます。いずれにしても、図解にどんな役割を持たせながら使っていくのか、ハッキリさせることが大切です。

■ 図5.2―代表的な図解と文章の組み合わせパターン ■

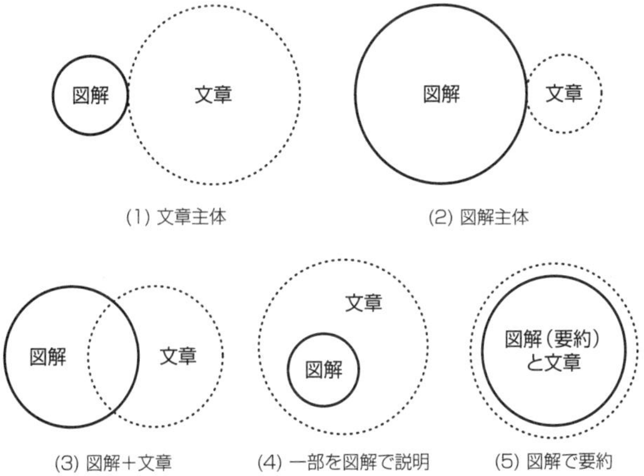

▶この5つのパターンに、口頭説明を組み合わせて考える

2 図解の正解は1つではない！

この章までの説明や演習問題でも気づいたと思いますが、ある内容を図解しようとするとき、いろいろな表現の仕方があります。中には、この内容であればこの表現方法しかないという場合もありますが、ほとんどの場合は複数の表現の仕方が可能です。

図解は、正解が1つではないのです。あるいは、「正解がない」と言った方が正しいかもしれません。

図解を苦手とする人の中には、ある情報を図解で伝えるためには1つの「正しい」表現方法があって、自分ではそれがわからないと思い込んでいる人も多いのですが、そんな表現手法はないのです。伝えたい内容が読み手にきちんと伝わりさえすれば、それでかまわないのです。

正解がないということは、表現の幅が広いということでもあります。あまり難しく考えず、ここまでに学んだ基本ルールと図解パターンを使って、自由な発想で図解するようにしましょう。

3 細部にこだわらない！

図解を使った表現では、複雑な情報を正確に伝えることにこだわってはいけません。

意外に思われるかもしれませんが、これも図解が持っている特徴の1つです。**図解は、「正確に伝える」のが苦手**なのです。

図解による伝達では、読み手側に受け取り方の個人差が起こりやすいという特徴があります。

文章や口頭での説明でも、本来意図した意味とは別の意味にとられてしまうことがありますが、図解ではその危険性がかなり高いのです。文章は解釈の幅が狭く、図解は解釈の幅が広いという言い方もできます。

例えば、83ページで示したように、図解では矢印1つにもさまざまな意味を込めて使います。これを逆に言うと、矢印を見た人の側でもさまざまに解釈できてしまうということです。

前後の状況や矢印に添えられた語句などによって、極端に解釈の幅が広がることは防げたとしても、文章で表現するときのように、読み手に厳密な解釈を期待することはできません。

厳密に解釈してもらわないと困るのであれば、その内容は文章で伝えなければならないのです。

図解は、図解のメリットが活きる部分で使わなければならないと前述しました（→180ページ）。そう考えると、**図解を作るときには細部にはこだわらないで、大きな視点から作る**ということが必要になります。

図解では細かいニュアンスは伝わりにくく、無理をして細部まで表現しようとするとかえってわかりにくい図解ができあがってしまいます。

実際に図解をビジネスで使うときには、読み手側での多少の解釈ミスを作る段階から想定して、必要なところには文章や口頭で説明を加えながら使っていくようにしてください。

4 欲張りすぎない！

「細部にこだわらない」と似た考え方ですが、あれも盛り込みたい、これも表現したいとあまり欲張った図解にすると、わかりにくい図解になったり、うまく図解できなくて破綻したりと、問題が生じやすくなります。

前述した「細かな情報を正確に伝えにくい」という図解の特徴から考えれば当然ですね。

あれもこれもといろいろな内容を盛り込めば盛り込むほど、図解で表現しなければならない要素が増えて、図解がわかりにくくなるのです。

せっかく作った図解がそうなってしまっては残念です。図解にいろいろな情報を盛り込みたいと思ったら、図解を分けて示すことです。このときの分け方は、次ページの図5.3のように2通り考えられます。

1つは、単純に内容を分割し、それぞれを別々の図解にするという方法です。

もう1つは、図解で表現したい内容全体の概要（概論）

を1つの図解で示したあと、細かい内容を各論に分解して、それぞれを別々の図解にして示すという方法です。

最初に全体像を示さないと意味が伝わりにくいと思える場合は、後者の方法がお勧めです。

図5.3─図解を分割する2通りの方法

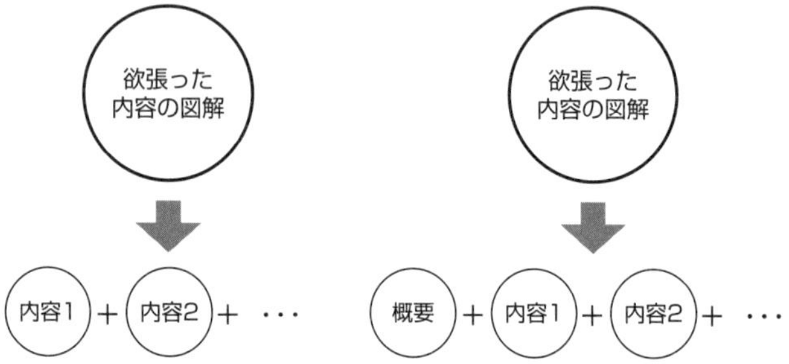

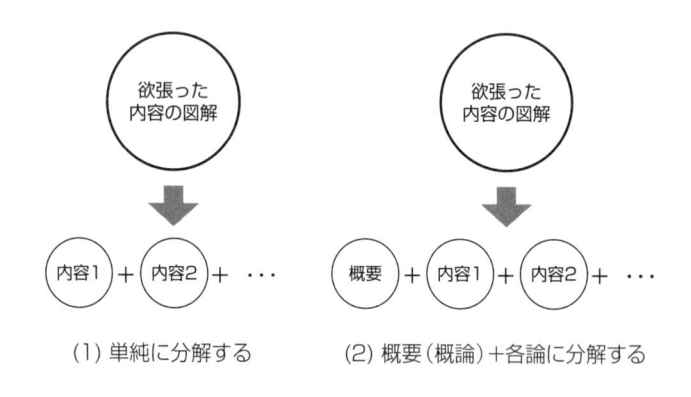

(1) 単純に分解する

(2) 概要（概論）＋各論に分解する

▶ 分割すれば、多くの情報を図解することも可能になる

5 図解の手順を知ろう

図解を作るときの手順や考え方についても説明しておきましょう。

すでに述べたように、図解を作るときにまず必要なことは、図解の目的・役割を明確にすることです（→182ページ）。

図解は手段であり、大事なことは図解を使って何をしたいか、何を伝えたいかです。目的や役割が明確であれば、それは図解の作り方にもおのずと反映されてきます。

図解を使う目的や役割が固まったら、いよいよ図解を進めていきます。

図解の進め方は、大きく2つに分けられます。

トップダウンのアプローチでまとめていく方法と、**ボトムアップのアプローチ**でまとめていく方法の2つです。

それぞれのアプローチについて、順番に説明していきましょう。

6 トップダウンのアプローチ

図解の経験が浅い場合、トップダウンのアプローチの方が取り組みやすいでしょう。

慣れないうちは、図解しようとしてもなかなかアイデアが出てこないものです。そんな場合でも効率的に図解を作ることができるのが、このアプローチです。

トップダウンのアプローチでは、まず本書をペラペラとめくりながら、各種の図解パターンや図解例を眺めて、あなたが図解したい内容を表現するのに適していると思われるものを探します。本書以外でも、雑誌やパンフレット、同僚の作った資料などを利用することもできます。

そうすると、ピッタリのものはなくても、少し手を加えてやれば自分が伝えたい情報を図解するのにも流用できそうだというものが、1つか2つは必ず見つかるでしょう。慣れてくれば、この作業を頭の中だけで行うこともできます。

このように、**すでに提示されている図解パターンの中から流用できるものを探し出して、目的の図解を完成させて**

いくのがトップダウンのアプローチです。

図解パターンには、いわゆる定番と呼ばれるものがいくつもあり、この定番を多く知っていると、それだけ適切な図解にすばやくたどり着けます。本書でも、第2章や第3章で多くの定番パターンを紹介しています。これらの定番パターンは、トップダウンのアプローチでは特に利用価値が

図5.4—内容と基本ルールで分類したマトリックス

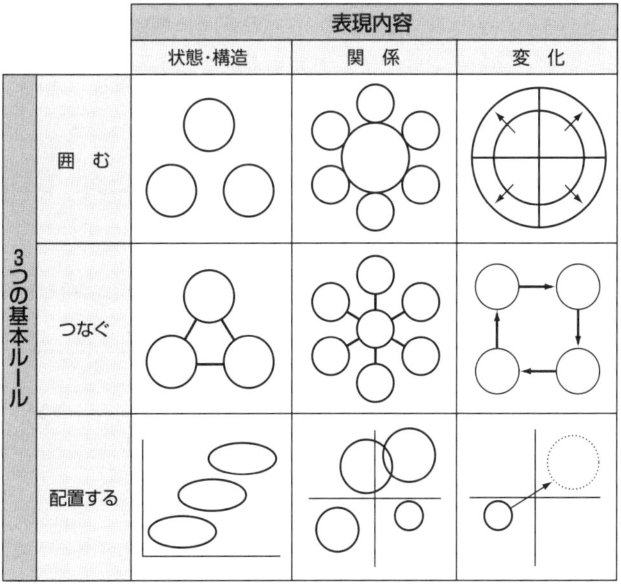

高いものになります。

もう少し理論的に説明してみましょう。

図解をその内容から分類すると、「状態・構造」「関係」「変化」の3種類に集約させることができます。

前ページの図5.4は、代表的な図解パターンの一部をこの3種類に分類し、さらに「囲み」「つなぎ」「配置」の3つの基本ルールで分類したマトリックスです。

図解を作るときに、表現したいことが、この「状態・構造」「関係」「変化」の3種類のうちのどれなのかをまず考えて、それぞれに該当する図解パターンから流用できる図解パターンを探すという方法が、トップダウンのアプローチなのです。このステップを図解すると、右の図5.5のようになります。

トップダウンのアプローチのメリットは、**短時間で効率よく目的の図解を作れること**です。初心者でも取り組みやすく、実際のビジネスシーンでもよく使われています。

ただ、図解の一部に前のデータが残っていたりするミスにつながりやすいので、その点は注意が必要です。

■ 図5.5—トップダウンのアプローチのステップ ■

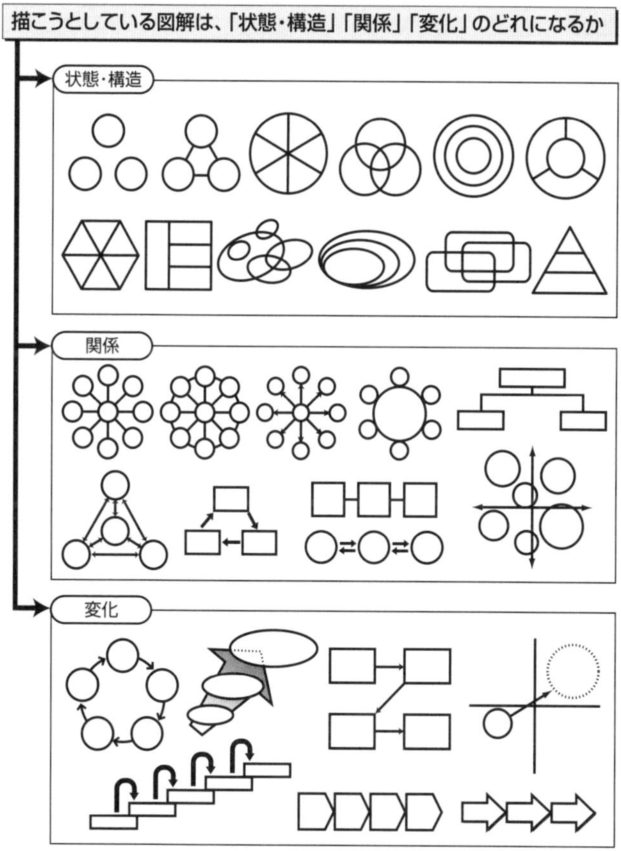

▶ 新聞やビジネス雑誌、過去の類似書類など、いろいろな媒体から使える図解パターンを流用してこよう

7 ボトムアップのアプローチ

トップダウンのアプローチとは反対に、**伝えたい内容のキーワードを書き出し、そのキーワードから徐々に図解の形を決めていく方法がボトムアップのアプローチです。**

トップダウンで始めてはみたものの、適切な図解パターンが見つからずに行き詰まったときは、このアプローチに切り替えてみるとよいでしょう。

ボトムアップのアプローチは、次のようなステップで行います。

（1）　図解の主題を確認します。図解にタイトルを付けるときは、この主題を中心にして考えます。

（2）　図解全体で伝えたいこと（全体像）が結局何なのか（何が伝われば目的が達せられるのか）を明確にしておきます。

（3）　（2）を明確にしたうえで、この主題で思い付くキーワード、伝えたいことに含まれるキーワードを書き出します。多少余分なキーワードが含まれていても、実際に図解するときに除けばよいので、どんどん書き出していくことがコツです。

(4) 書き出したキーワードの数が多すぎるときは、似たような言葉、性格、傾向、考え方などでキーワードをグルーピングします。

(5) グルーピングが終わったら、グループごとにそのグループ全体を指すラベルを考えます。ラベルは、グルーピングしたキーワード群の上位のキーワードで、見出しと考えます。

(6) 抽出したキーワードやラベルを眺めながら、図解は全体の「状態・構造」で示すのがよいのか、「関係」で示すのがよいのか、あるいは「変化」で示すのがよいのかを考えます。ここはトップダウンのアプローチとそんなに変わりません。

核になるラベルやキーワードがあって、「状態・構造」を示したいときは、そのラベルやキーワードを中心に置いて周辺にほかのキーワードを並べてみたり、ツリーの最上位に配置してみたりします。

「関係」に注目するなら、因果関係にあるときは原因と結果を矢印で結んでみます。拡散・収束・循環の関係にあるときは、要素を並べたうえで矢印でつないでみます。
要素に時間の流れが関係しているなど、「変化」が適していそうなら、時間軸を設けて並べてみて、時間軸が使えるかどうか確認します。
そのほか、これまでに紹介してきたさまざまな図解パターンの中に適用できそうなものがあれば、それが利用できないか考えてみます。

(7) どんな形の図解にするのかが決まったら、とにかく「囲む」「つなぐ」「配置する」の3つの基本ルールで形を作っていきます。最初から完成されたものを描こうとしないで、まず線で結んでみたり、矢印を加えてみたりしながら形を作っていきます。それを少しずつ修正して、完成形に近づけていくのです。

8 トップダウンとボトムアップの両面から図解する

図解は、**トップダウン、ボトムアップのどちらかでまとめなければならないというわけではありません。**実際には、その双方からアプローチして、融合し合うところで最適なものを見つけていくのが現実的な方法です。

例えば、まずはトップダウンでアプローチし、途中で行き詰まったので部分的に（あるいは全体的に）ボトムアップに切り替えて進め、ある程度形が見えてきたらまたトップダウンに戻るという進め方もあります。

また、前述した通り図解の正解は１つではありませんから、１種類の図解パターンにこだわらず、別のパターンも考えてみたり、組み合わせて使ってみるなど、常に柔軟な考え方で進めることが大切です。

❏ *Lets Try!*

これで、本書の「超シンプル図解術」はすべて説明しました。あなたはもう、図解技術の基礎をあらかた身に付けているはずです。ビジネスの現場で要求されるレベルの図解なら、特に問題なく描ける水準の技術です。

その技術を定着させるために、最後に３つの総合演習を用意しました。トップダウンでもボトムアップでも、その組み合わせでも、アプローチの仕方は自由です。最後ですから、難易度はやや高めにしてあります。以下の演習に取り組んで、最後の仕上げとしてください。

なお、さらに発展的な図解技術や、個別のアプリケーションでの具体的な描画方法、または図解思考やそのための思考ツールなどについてより詳しく知りたい読者は、巻末の参考資料をはじめ書店に多くの類書が出版されていますので、各自で当たってみるとよいでしょう。

総合演習1　以下の例文を図解しなさい。

主要商品のFAQ閲覧サイトを、まずイントラネット内に開設した。このFAQは、1年後にはエクストラネットで関連会社や代理店も閲覧できるようになり、2年後には内容を充実させてインターネットで誰でも閲覧できるようにする予定である。

▶注：FAQとは Frequently Asked Questions の略で、よく訪ねられる質問とその解答を一覧にしたものを指す

【解説】

〈アプローチの仕方〉

時間の要素が含まれているので、まずは時間軸に沿って内容を整理します。その上で、そこに「イントラネット」「エクストラネット」「インターネット」の３者の関係を含められないか検討します。

〈図解のステップ〉

(1) まず、キーワードを抜き出します。キーワードとしては、次のようなものが抜き出せるでしょう。

・イントラネット
・エクストラネット
・インターネット
・主要商品のFAQ閲覧サイトの開設
・１年後
・エクストラネットで閲覧
・２年後
・インターネットで誰でも閲覧

(2) キーワードを眺めて、図解の方針や構図を決め、タイトルを付けます。

この場合は時間軸が存在するので、まず時間軸を左から右にとり、そこにキーワードを並べていくことにします。左から順に並べるだけで時間の経過を表現できるので、実際に時間軸を図示する必要まではありません。

そうすると、下の図5.6のような図解ができました。

これで、とりあえずの図解ができましたが、ここで完成とした場合には少々もの足りなさが残ります。

なぜでしょうか？　それは、イントラネット、エクストラネット、インターネットの三者が包含関係にあることを、図解で表現できていないからのようです。

では、この3者の関係だけを別に図解してみることにし

■図5.6—もうひと工夫ほしい解答例■

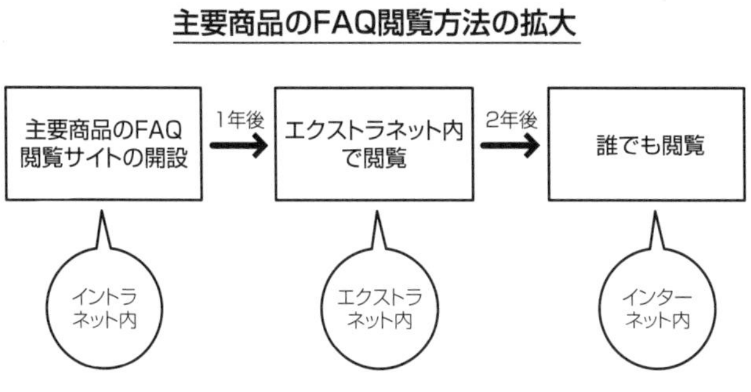

▶イントラネット、エクストラネット、インターネットの包含関係が表現できていない

ます。

包含関係を表現したいので、本書の70ページで紹介されている「囲み図形を重ね合わせるパターン」を使ってみることにします。

そうすると、下の図5.7のような図解ができました。

先程の図5.6の図解と、この図解を一緒にして表現できれば、適切な図解ができそうです。

包含関係を示す同心円の中に、最初の図解を重ねてみましょう。強引に重ねると、右の図5.8のような図解ができました。

■ 図5.7―包含関係だけを図解したもの ■

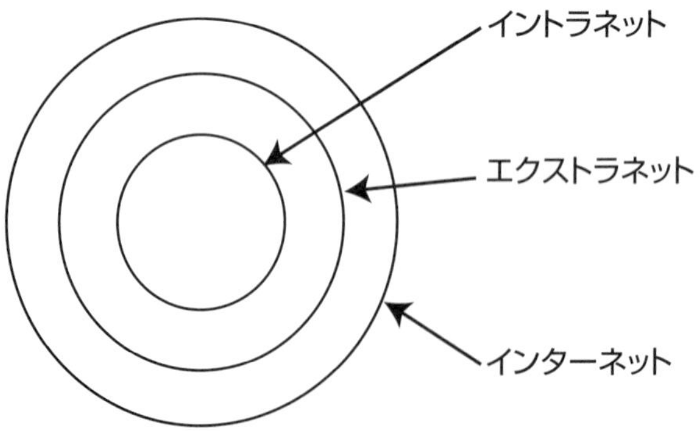

▶ 包含関係は、囲み図形の重ね合わせパターンで表現するのが定番

これでも悪くはありませんが、図解の右側に文字要素が偏っていて、全体のバランスがよくありません。
そこで、正円を中心で重ねるパターンではなくて、楕円形を重ねるパターンを使ってみることにします。これで、全体をうまく整理して、例文を1つの図解で説明できるはずです。

■ 図5.8—2つの図解を組み合わせたもの ■

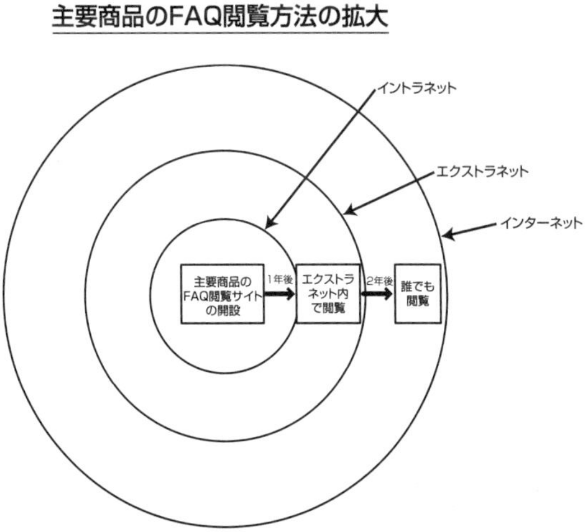

▶ ほぼすべての要素を表現できたが、全体のバランスが悪い

完成形は、下の図5.9のようになりました。囲み図形の角を丸くしたり、グラデーションを作るなどのメリハリも付けています。矢印を右上方向に向けたのは、この方向が成長をイメージさせる方向だからです。
「関連会社や代理店も閲覧」や「内容を充実させて」の部分は省略していますが、必要な場合は注記などを使って文字で説明します。

■ 図5.9—解答例 ■

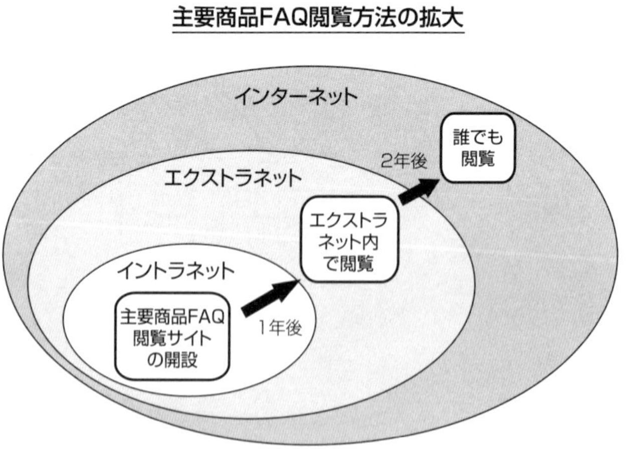

▶ 右上方への時間の流れは、文字による解説を付けて表現している

総合演習 2　以下の例文を図解しなさい。

紙を巡る大きな循環がある。「紙」は、「森林」の木々が伐採され「木材チップ」に、さらに「パルプ」になり、「抄紙」を経て作られる。「紙」は最後は「紙ゴミ」になって焼却される。そのとき発生する「CO_2」は植物に吸収されて「森林」を育む。また、「紙」の一部は、「古紙」として回収され再び「抄紙」にされて、「紙」としてよみがえる。

【解説】

〈アプローチの仕方〉

キーワードの流れを追ってみると、「森林」から始まってまた「森林」に戻っており、紙リサイクルの輪ができていることがわかります。そこで、94ページの「循環パターン」で表現してみます。

〈図解のステップ〉

(1) 総合演習1と同じく、キーワードを抜き出します。キーワードとしては、次のようなものが抜き出せるでしょう。

- 紙
- 木材チップ
- 抄紙
- 焼却
- 古紙
- 森林
- パルプ
- 紙ゴミ
- CO_2

(2) キーワードを眺めて、図解の方針や構図を決め、タイトルを付けます。

まず、キーワードを使って「森林」→「木材チップ」→「パルプ」→「抄紙」→「紙」→「紙ゴミ」→「CO_2」→「森林」という循環図を作ります。

「紙ゴミ」→「CO_2」の部分はわかりにくいので、矢印に「焼却」の文字を添えて、「紙ゴミを焼却するとCO_2が発生する」という意味を明確にした方がよいでしょう。さらに、「紙」→「古紙」→「抄紙」→「紙」という循環があるので、この部分だけを抜き出した別の図解を作

■ 図5.10—2つの循環図解したもの ■

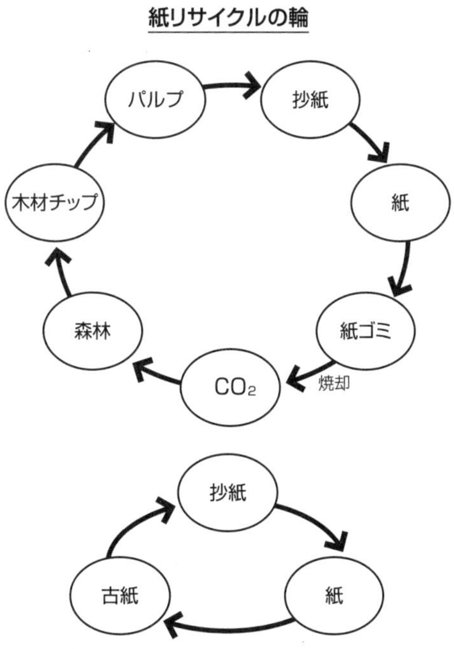

▶2つの循環図は、ポジティブな意味を含んだ右回転で表現した

ります。そうすると、前ページの図5.10のような２つの循環ができあがります。

この２つの図解をうまく１つにまとめられれば完成です。「抄紙」と「紙」を共通にすればよいので簡単です。下の図5.11が完成形です。一種のマルチ循環図として完成しました。

■ 図5.11—解答例 ■

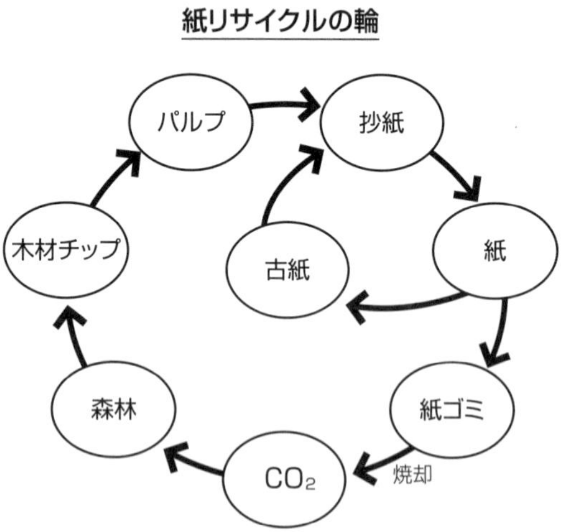

▶ マルチ循環図とは、1つの図解の中で2つ以上の循環を表現したもの

総合演習3 以下の例文を図解しなさい。

市場・用途が拡大する生分解性素材

埋め立て処分したあとに、微生物の働きによって水と炭酸ガスに分解される生分解性素材の市場が拡大している。生分解性素材の市場が拡大すれば、埋め立て処分場の延命につながるだけでなく、植物由来の原材料から作られているため石油資源の節減にも役立つ。また、埋め立てずに焼却処分した場合でも、原料の植物が成長過程で吸収した炭酸ガスを放出するだけであるため（カーボンニュートラル）、温暖化を抑制するという効果もある。こうした理由により、衣料品や食品容器、育苗ポット、家電製品、自動車部品などに用途が急拡大しているのだ。

例えば、A社は今年2月に発売したノート型パソコン「NPC-001」の部品の一部に生分解性プラスチックを採用した。使用量はまだ全体の2%に過ぎないが、3年後には全体の15%にまで拡大する計画だ。

B社は、3月に発売した携帯音楽プレーヤー「eco-POD」のケースに生分解性プラスチックを採用した。長年の研究によって、耐久性や耐熱性の課題を乗り越えて実用化にこぎ着けたという。

C社の研究所は、トウモロコシの種子に含まれる水に溶けにくい天然タンパク質を主原料として、生分解性素材の耐水性を高めることに成功し、育苗ポットの商品化を実現させた。特殊な成形機を用いるため成形に自由度があり、多品種を低コストで提供できる体制を整えている。

コンビニやスーパーで売られる弁当容器への利用を目指しているのはD社だ。5月に、生分解性シートを成型して、電子レンジの高温（130度）にも耐えられる容器を開発したと発表した。

E社は、生分解性繊維を使った衣料品シリーズ「エコローブ」を6月に発売した。まずTシャツなど15品目を発売し、9月にはさらに10品目を追加する予定だ。今年度は15億円の売上を見込む。

自動車メーカーF社は、ドアリムやインパネなど自動車の内装部品に使える生分解性プラスチックを開発した。従来は難しかった耐熱性と耐衝撃性の両立に成功、今年末をめどに、生分解性プラスチックを使った内装部品を搭載した車種の量産を始める。

C社の研究所によると、生分解性プラスチックの国内市場は今年4万トンを超える見込みだという。通常のプラスチックの倍以上という高コストの低減が進み、リサイクルコストまで含めれば通常のプラスチックとのコスト面での差がそれほど大きくないという認識が広まれば、市場拡大に拍車がかかるはずだ。

解答欄

【解説】

〈アプローチの仕方〉

長文の文章を図解するという、難易度の高い演習です。

ここでは、この文章全体を図解するという方針で進めますが、実際にビジネスの現場で図解する場合には、使用目的によって長い文章の中で特に注目してほしい箇所に絞って図解するということもあります。

〈図解のステップ〉

(1)　まず、全文をざっと読んで、文章の主題を確認します。この文章の主題は「生分解性素材の利用の場が広がり地球環境に寄与している」ということでしょう。この主題が、図解の際にもメインテーマとなります。

(2)　次に、文章全体の構成を確認します。もう一度全文を通して読んで、意味のかたまりごとに境目に線を引くなどして、文章がどのような構成になっているかを理解することから始めましょう。通常は、段落の境目がそのまま意味の境目になっています。

この文章の場合、最初の段落の概論と、その後に続く各論、そして最後のまとめによって構成されていることがわかります。段落ごとに示すと次のようになります。

[タイトル]

市場・用途が拡大する生分解性素材

[第1段落：概論]

埋め立て処分したあとに、微生物の働きによって水と炭酸ガスに分解される生分解性素材の市場が拡大している。生分解性素材の市場が拡大すれば、埋め立て処分場の延命につながるだけでなく、植物由来の原材料から作られているため石油資源の節減にも役立つ。また、埋め立てずに焼却処分した場合でも、原料の植物が成長過程で吸収した炭酸ガスを放出するだけであるため（カーボンニュートラル）、温暖化を抑制するという効果もある。こうした理由により、衣料品や食品容器、育苗ポット、家電製品、自動車部品などに用途が急拡大しているのだ。

[第2段落：各論1 （A社の例）]

例えば、A社は今年2月に発売したノート型パソコン「NPC-001」の部品の一部に生分解性プラスチックを採用した。使用量はまだ全体の2%に過ぎないが、3年後には全体の15%にまで拡大する計画だ。

[第3段落：各論2 （B社の例）]

B社は、3月に発売した携帯音楽プレーヤー「eco-POD」のケースに生分解性プラスチックを採用した。長年の研究によって、耐久性や耐熱性の課題を乗り越えて実用化にこぎ着けたという。

［第4段落：各論3（C社の例）］

C社の研究所では、トウモロコシの種子に含まれる水に溶けにくい天然タンパク質を主原料として、生分解性素材の耐水性を高めることに成功し、育苗ポットの商品化を実現させた。特殊な成形機を用いるため成形に自由度があり、多品種を低コストで提供できる体制を整えている。

［第5段落：各論4（D社の例）］

コンビニやスーパーで売られる弁当容器への利用を目指しているのはD社だ。5月に、生分解性シートを成型して、電子レンジの高温（130度）にも耐えられる容器を開発したと発表した。

［第6段落：各論5（E社の例）］

E社は、生分解性繊維を使った衣料品シリーズ「エコローブ」を6月に発売した。まずTシャツなど15品目を発売し、9月にはさらに10品目を追加する予定だ。今年度は15億円の売上を見込む。

［第7段落：各論6（F社の例）］

自動車メーカーF社は、ドアリムやインパネなど自動車の内装部品に使える生分解性プラスチックを開発した。従来は難しかった耐熱性と耐衝撃性の両立に成功、今年末をめどに、生分解性プラスチックを使った内装部品を搭載した車種の量産を始める。

[第8段落：まとめ]

C社の研究所によると、生分解性プラスチックの国内市場は今年4万トンを超える見込みだという。通常のプラスチックの倍以上という高コストの低減が進み、リサイクルコストまで含めれば通常のプラスチックとのコスト面での差がそれほど大きくないという認識が広まれば、市場拡大に拍車がかかるはずだ。

以上のように、8つの段落で構成され、「概論→各論→まとめ」の流れになっています。

ビジネスの場で使われる文章では、こうした「概論→各論→まとめ（結論）」、または「概論→各論」という構成になっているのが一般的です。これを覚えておくと、長文を図解するときに助けになります。

(3) 主題と文章全体の構成がつかめたら、これまでの演習と同じように、文章の中からキーワードを抜き出していきます。

キーワード、またはキーワードを含む文は、次に示す下線部となります。ビジネス文書では、一般に各段落の最初の文にキーワードが含まれることが多いので、最初の文を特に注意深く読むようにしましょう。

[タイトル]

市場・用途が拡大する生分解性素材

[第1段落：概論]

埋め立て処分したあとに、微生物の働きによって水と炭酸ガスに分解される生分解性素材の市場が拡大している。生分解性素材の市場が拡大すれば、埋め立て処分場の延命につながるだけでなく、植物由来の原材料から作られているため石油資源の節減にも役立つ。また、埋め立てずに焼却処分した場合でも、原料の植物が成長過程で吸収した炭酸ガスを放出するだけであるため（カーボンニュートラル）、温暖化を抑制するという効果もある。こうした理由により、衣料品や食品容器、育苗ポット、家電製品、自動車部品などに用途が急拡大しているのだ。

[第2段落：各論1（A社の例）]

例えば、A社は今年2月に発売したノート型パソコン「NPC-001」の部品の一部に生分解性プラスチックを採用した。使用量はまだ全体の2%に過ぎないが、3年後には全体の15%にまで拡大する計画だ。

[第3段落：各論2（B社の例）]

B社は、3月に発売した携帯音楽プレーヤー「eco-POD」のケースに生分解性プラスチックを採用した。長年の研究によって、耐久性や耐熱性の課題を乗り越えて実用化にこぎ着けたという。

[第4段落：各論3（C社の例）]

C社の研究所では、トウモロコシの種子に含まれる水に溶けにくい天然タンパク質を主原料として、生分解性素材の耐水性を高めることに成功し、育苗ポットの商品化を実現させた。特殊な成形機を用いるため成形に自由度があり、多品種を低コストで提供できる体制を整えている。

[第5段落：各論4（D社の例）]

コンビニやスーパーで売られる弁当容器への利用を目指しているのはD社だ。5月に、生分解性シートを成型して、電子レンジの高温（130度）にも耐えられる容器を開発したと発表した。

[第6段落：各論5（E社の例）]

E社は、生分解性繊維を使った衣料品シリーズ「エコローブ」を6月に発売した。まずTシャツなど15品目を発売し、

9月にはさらに10品目を追加する予定だ。今年度は15億円の売上を見込む。

[第7段落：各論6（F社の例）]

自動車メーカーF社は、ドアリムやインパネなど自動車の内装部品に使える生分解性プラスチックを開発した。従来は難しかった耐熱性と耐衝撃性の両立に成功、今年末をめどに、生分解性プラスチックを使った内装部品を搭載した車種の量産を始める。

[第8段落：まとめ]

C社の研究所によると、生分解性プラスチックの国内市場は今年4万トンを超える見込みだという。通常のプラスチックの倍以上という高コストの低減が進み、リサイクルコストまで含めれば通常のプラスチックとのコスト面での差がそれほど大きくないという認識が広まれば、市場拡大に拍車がかかるはずだ。

なお、この演習問題では文章をもとにして行っていますが、頭の中にある考えを図解する場合にも、アプローチの仕方はほぼ同じです。

頭の中のアイデアを図解する場合は、最初に、全体として言いたいことは何かという、文章でいう概論を明確にします。その後、各論がいくつあるのかを意識しながら、キーワードを書き出していくのです。

(4) キーワードを眺めて、図解の方針や構図を決めます。

まず、概論、各論、まとめをどのような形の図解にまとめ上げるかの方針を考えましょう。この中で最も大事なのは概論です。一般にはまとめも大事なのですが、この文章のまとめは補助的な内容なので、とりあえず除外して進めます。

概論で述べていることは、大きく分けると3つあります。まず「生分解性素材の市場拡大」があり、この市場が拡大することで、埋め立て処分場の延命、石油資源の節減、温暖化の抑制の「3つの効果」があること、そして「用途が急拡大」していることです。この概要からタイトル

■ 図5.12—概論を図解したもの ■

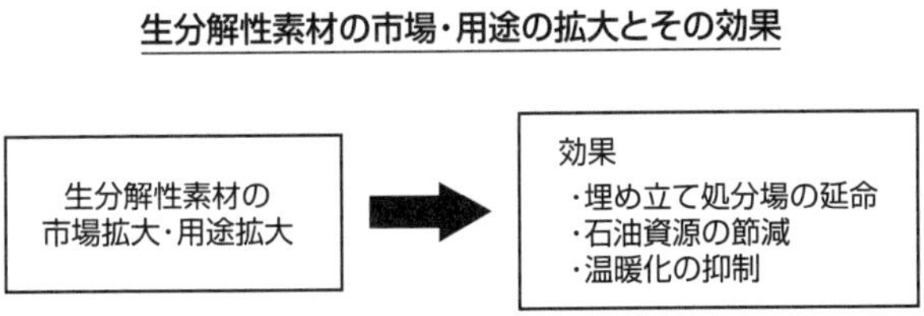

▶ まずは概論のみをおおざっぱに図解したもの

も考えます。

複雑な内容の図解を描き出すときは、最初は単純な部分から始めます。ごく大ざっぱな骨格となる、前ページの図5.12のような図解を作りました。

最初はこの単純な図をもとに、抜き出したキーワードと合わせてどう図解を発展させていくか考えます。

用途の拡大とあいまって市場が拡大していることを示すために、「用途の拡大」を示す6つの例も最初の枠内に入れることにします。まとめの内容は、補足として吹き

■ 図5.13—図5.12を発展させた図解 ■

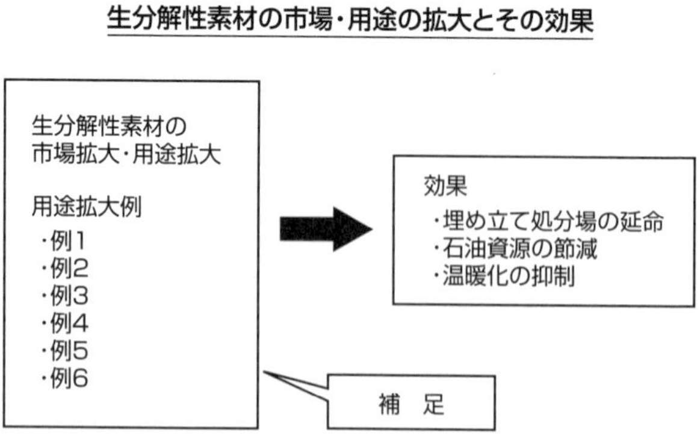

▶ 用途の拡大例と補足を加えたもの

出しを使って付け加えることにしましょう。そうすると、左の図5.13のような図解になります。
さらに、この図をどうしたら、インパクトが大きい図解としてまとめられるかを考えます。
用途の拡大例には、拡散のイメージを表現できる88ページのパターンを当てはめればいいので、「生分解性素材」を中心に置いて、周辺に拡散するように配置します。すると、下の図5.14のようにまとまりました。

■ 図5.14—図5.12を発展させた図解 ■

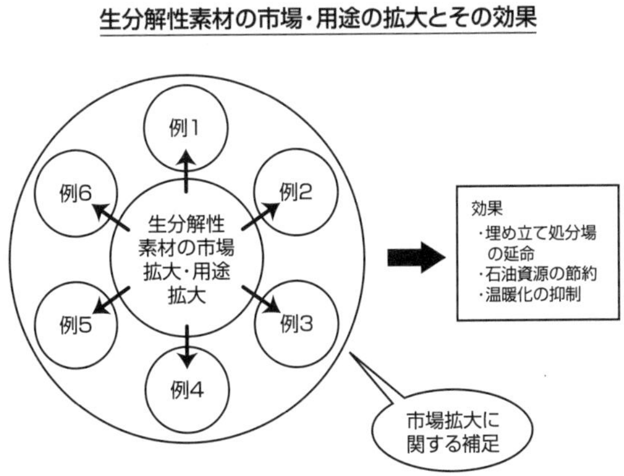

▶ 矢印の「つなぎ」を使った拡散のパターンを適用したもの

これで、図解の方針と表現の仕方がおおよそ明確になりました。キーワードをはめ込んで全体を整理し、メリハリを付けると、下の図5.15のように完成しました。
例文中のより詳細な情報まで含めたい場合は、それらを図解の中に含ませると煩雑でうるさい感じになるので、注記を加えるなど、文字で表現するとよいでしょう。

■ 図5.15—解答例 ■

生分解性素材の市場・用途の拡大とその効果

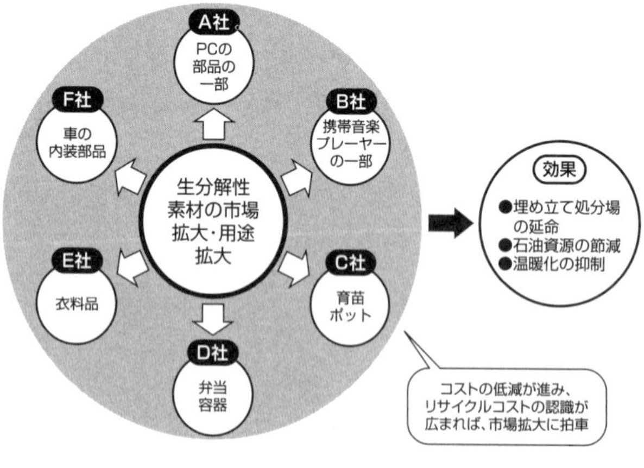

▶ここまでできれば、ほぼ完璧です

■参考文献

○『説得できる図解表現200の鉄則』（永山嘉昭著／日経BP社）

○『説得できるプレゼン・図解200の鉄則』（永山嘉昭・真次洋一・黒田聡共著／日経BP社）

○『説得できるプレゼンの鉄則 PowerPoint 徹底活用編』（永山嘉昭著／日経BP社）

○『説得できるドキュメンテーション200の鉄則』（永山嘉昭・山崎紅・黒田聡共著／日経BP社）

○『説得できる図解作成の鉄則　描画機能活用編』（永山嘉昭著／日経BP社）

○『説得できるビジネスプレゼン200の鉄則』（永山嘉昭・山崎紅共著／日経BP社）

○『説得できるビジュアル文書の鉄則 Word DTP攻略編』（黒田聡・永山嘉昭共著／日経BP社）

○『ビジネス・スキルズ ベーシック 図解術』（永山嘉昭著／秀和システム）

○『プレゼンテーショングラフィックス』（永山嘉昭著／日刊工業新聞社）

○『ビジネス文書のビジュアル化テクニック』（横河電機（株）品質保証部著／日刊工業新聞社）

○『「わかりやすい図解」の基礎トレーニング』（永山嘉昭著／アスカ・エフ・プロダクツ）

【著者略歴】

永山嘉昭（ながやま・よしあき）

◎—横河電機株式会社、横河グラフィックアーツ株式会社を経て、2003年、ビジネスコミュニケーションスキル研究所設立。ビジネスコミュニケーション分野の研究・教育を実践中。

◎—主な著書に『説得できる図解表現200の鉄則』『説得できるプレゼンの鉄則 PowerPoint 徹底活用編』『説得できる文章・表現200の鉄則』『説得できるプレゼン・図解200の鉄則』（以上、日経BP社）『「わかりやすい図解」の基礎トレーニング』（アスカ・エフ・プロダクツ）『ビジネス・スキルズ ベーシック 図解術』（秀和システム）などがある。

◎—ビジネスコミュニケーションスキル研究所ホームページ：
http://homepage3.nifty.com/businesscom/

超シンプル図解術

2007年 7月25日　第1刷発行

著　者——永山嘉昭
発行者——八谷智範
発行所——株式会社すばる舎
東京都豊島区東池袋3-9-7 東池袋織本ビル　〒170-0013
TEL　03-3981-8651（代表）
　　　03-3981-0767（営業部直通）
URL　http://www.subarusya.jp/
振替　00140-7-116563

印　刷——図書印刷株式会社

落丁・乱丁本はお取り替えいたします
©Yoshiaki Nagayama　2007 Printed in Japan
ISBN978-4-88399-645-2　C0030